ÉTHIQUE À NICOMAQUE

D'après la traduction de Sœur Pascale-Dominique Nau, OP (2007).

ARISTOTE

Présentation et notes
Loyola Leroux

LES ÉDITIONS
CEC
Une compagnie de Quebecor Media

9001, boul. Louis-H.-La Fontaine, Anjou (Québec) Canada H1J 2C5
Téléphone: 514-351-6010 • Télécopieur: 514-351-3534

Direction de l'édition
Philippe Launaz

Direction de la production
Danielle Latendresse

Direction de la coordination
Rodolphe Courcy

Charge de projet
Réalisation graphique
Les productions Faire Savoir inc.

Traduction
© Sœur Pascale-Dominique Nau, OP
Sur le site *Les œuvres complètes de saint Thomas d'Aquin*

Sources iconographiques supplémentaires
Page couverture, *Aristote* par Francesco Hayez (1811).
Pour tous les documents mis à disposition aux conditions de la licence *Creative Commons* (version 3.0 et précédentes), les adresses sont les suivantes :
CC-BY (*Paternité*) : <creativecommons.org/licenses/by/3.0/deed.fr_CA>
CC-BY-SA (*Paternité - Partage des conditions initiales à l'identique*) : <creativecommons.org/licenses/by-sa/3.0/deed.fr_CA>

Les Éditions CEC inc. remercient le gouvernement du Québec de l'aide financière accordée à l'édition de cet ouvrage par l'entremise du Programme de crédit d'impôt pour l'édition de livres, administré par la SODEC.

Aristote. Éthique à Nicomaque

© 2010, Les Éditions CEC inc.
9001, boul. Louis-H.-La Fontaine
Anjou (Québec) H1J 2C5

Dépôt légal : 2010
Bibliothèque et Archives nationales du Québec
Bibliothèque et Archives Canada

ISBN : 978-2-7617-2837-9

Imprimé au Canada
1 2 3 4 5 14 13 12 11 10

Imprimé sur papier contenant 100 % de fibres recyclées postconsommation.

Consultez la liste à jour des titres de la collection sur notre site Internet à l'adresse
www.editionscec.com

REMERCIEMENTS

Je tiens à remercier mes étudiantes et mes étudiants qui, par leurs questions pertinentes, depuis 1980, m'ont permis d'approfondir la richesse de cette œuvre d'Aristote. Je remercie également mes collègues du département de philosophie du Cégep de Saint-Jérôme, avec qui j'ai échangé, ainsi que Bernard LaRivière, Pierre Valois et Thomas Sekpona-M. Un mot de gratitude aussi pour ceux qui m'ont guidé, mes maîtres en philosophie[1] : feu Jacques Lavigne, Marcel Brisebois, Georges Leroux, feu Claude Lagadec et Charles LeBlanc. Mes remerciements vont également aux consultants Joan Sénéchal et Yong Chung qui, par leurs judicieux commentaires, ont grandement contribué à améliorer ce texte. Finalement, je remercie Sœur Pascale-Dominique Nau pour son excellente traduction, claire et fluide, et aussi Philippe Launaz, des Éditions CEC, pour sa contribution à la rédaction de cet ouvrage.

Je souhaite que mes huit petits enfants, Sandrine, Camille, Justin, Émilie, Julien, Coralie, Arthur et Théodore, aient la chance d'être initiés à la philosophie en écoutant les « personnes plus âgées ou sagaces » (1143b11) comme le recommande Aristote.

« Il est donc juste de nous montrer reconnaissants, non seulement pour ceux dont on peut partager les opinions, mais encore pour ceux qui ont exprimé des vues plus superficielles : même ces derniers nous ont apporté leur contribution, car ils ont développé notre faculté de penser » (*Métaphysique* : 993b12-14).

Loyola Leroux

---

[1] « Philosopher, on le sait depuis Platon et Aristote, c'est toujours aussi dialoguer avec ses maîtres » (GRONDIN 1999 : 113).

TABLE DES MATIÈRES

PRÉFACE

LES JEUNES PEUVENT-ILS LIRE ARISTOTE ?

Dans sa pièce *Troilus et Cressida*, Shakespeare exprime un doute : les jeunes n'auraient pas la maturité nécessaire pour étudier l'éthique d'Aristote. Ils seraient inaptes, « unfit », ils n'auraient pas ce qu'il faut, et sans doute pense-t-il d'abord à l'expérience requise pour aller à la rencontre d'une pensée qui repose entièrement sur le jugement pratique. Si on comprend bien Shakespeare, une éthique plus abstraite et consacrée, comme celles de Kant ou de Rawls, à l'élaboration formelle de grands principes serait certes encore difficile, mais plus accessible, alors que la sagesse pratique de l'éthique d'Aristote demeurerait hors d'atteinte. Pour la comprendre, il faudrait presque avoir vécu. A-t-il raison ?

On peut en fait soutenir le contraire et penser que les dix livres de cette *Éthique à Nicomaque* ont tout ce qu'il faut pour interpeller la jeunesse. D'abord, parce que c'est à elle que ces livres s'adressent, le dédicataire étant quasi certainement le fils d'Aristote. Mais on peut dire plus : Aristote enseignait dans une école où il préparait une jeunesse d'élite à occuper des fonctions de responsabilité dans les cités grecques, et les livres qui composent son éthique, tout comme ses huit livres de *Politiques*, veulent éclairer cette jeunesse sur les grands enjeux de la vie humaine. Prenant respectueusement ses distances du projet politique idéal de la *République* de Platon, Aristote s'intéresse d'entrée de jeu à la question du bien et du bonheur. C'est de là qu'il convient d'amorcer la recherche, et de la manière la plus concrète possible, en interrogeant les gens. Le résultat de cette première enquête, présenté dans le Livre I, est clair : la condition principale du bonheur est la vertu.

On dira, suivant Shakespeare, que les jeunes n'ont pas beaucoup d'intérêt pour ces concepts surannés. Encore une fois, c'est le contraire qui est vrai : dans un monde où les conceptions du bien et du bonheur sont nombreuses et concurrentes, et où aucune forme de vie n'est prescrite au point de la faire dominer, qui ne voudrait réfléchir sur les choix de vie qui s'offrent à chacun quand il s'agit de déterminer le chemin du bonheur et la recherche de l'excellence ? À quoi faut-il donner sa vie ? La question se pose davantage quand on est jeune. Or, justement, il est trop simple de dire que les vertus appartiennent à un autre âge, par exemple à celui de la morale chrétienne et des impératifs dogmatiques. Rien n'est plus contemporain que l'excellence, en raison de la richesse des conditions offertes aux jeunes aujourd'hui, et c'est de cela qu'il s'agit ici. La célèbre définition du Livre II, qui engendre tout l'édifice de l'éthique et qui pose la vertu comme une médiété, un intermédiaire, un juste milieu (aucune traduction n'est parfaite), place l'idéal de la vie humaine sur un continuum, constamment réactivé, entre le défaut et l'excès, le pas-assez et le trop. Qui en jugera? La pensée, l'expérience, la raison pratique qui est en chacun de nous et que représente exemplairement le sage. Les jeunes Troyens qu'évoque Shakespeare sont impétueux et veulent la gloire, mais ils appartiennent au même monde que les étudiants d'Aristote et les jeunes d'aujourd'hui : pour tous, il s'agit de définir le juste cours de l'action, le jugement qui conduira à l'action juste.

Il faut remercier Loyola Leroux d'avoir préparé une introduction si fine et si claire à cette œuvre majeure, il faut surtout le remercier de la présenter avec tant de conviction. On peut envier les étudiants qui s'engageront dans ces réflexions avec le soutien des instruments historiques et philosophiques qu'il rend accessibles ici, ils y trouveront à leur tour un chemin de réflexion qui les accompagnera toute leur vie. Qu'on pense seulement aux riches réflexions sur la sagesse pratique et les formes de vie, mais aussi à l'importance accordée au thème de l'amitié. Non, décidément, Shakespeare n'avait pas raison, l'éthique d'Aristote parle aux jeunes, elle conserve aujourd'hui toute sa résonance, car elle s'adresse à leur désir d'excellence et à leur liberté, et rien ne peut en remplacer la lecture quand commence pour chacun l'aventure de la philosophie.

Georges Leroux
Professeur émérite, Département de philosophie, UQÀM

15 mars 2010

AVANT-PROPOS

Pourquoi lire l'*Éthique à Nicomaque* ? Pourquoi s'intéresser à une œuvre qui est si loin de nous, immergée dans un contexte si différent du nôtre ? Les réflexions et les exemples que l'on y trouve ne gardent-ils pas la trace indélébile de leur temps ? Eh bien il faut la lire parce que ce traité d'éthique est le premier écrit de ce genre de l'histoire de l'humanité. Son auteur, Aristote, loin de chercher à ériger un système abstrait, nous rejoint dans notre vécu et fonde sa philosophie sur l'observation de la réalité.

Dédiée selon certains à son fils Nicomaque, cette œuvre nous rappelle à quel point nous sommes des héritiers du « maître de ceux qui savent », comme l'a si bien qualifié Dante (1265-1321), auteur de *La divine comédie*. Car ce que l'on apprend en la lisant, c'est que l'humain a très peu changé depuis 2 300 ans. Les catégories avancées par Aristote sont encore d'actualité et ses sujets d'investigation – le bonheur, la justice, l'amitié – sont plus que jamais aujourd'hui des objectifs que l'on croit atteignables, mais dont il faut sans cesse relancer la quête. Nous qui vivons au début du troisième millénaire, nous nous posons avec de plus en plus d'acuité la question de savoir comment vivre pour être heureux et pour vivre avec les autres en harmonie. Plusieurs réponses ont été apportées par la modernité, mais le siècle qui vient de se terminer, avec ses millions de morts au nom d'idéologies dogmatiques et absolues qui n'ont pu satisfaire notre soif légitime de bonheur, nous oblige à revoir les fondements de notre vie commune.

Dans cette perspective, la recherche du bonheur par une maîtrise raisonnée de nos actions constitue un des aspects les plus importants de la pensée d'Aristote. Ce dernier « ne nous fait pas la morale », il n'utilise pas un style injonctif, il ne dit pas ce qu'il faudrait faire en édictant des règles qui s'appliqueraient à tous. Il n'énonce pas d'impératifs comme « tu dois » ou « il faut », et rejette toute forme de dogmatisme. Il ne cherche pas une définition absolue de la morale, semblable aux *Dix commandements* des chrétiens ou des juifs, ni une norme transcendante comme le fait Platon, ni un critère universel comme le propose Kant, pour déterminer quelles sont les bonnes actions qui mènent au bonheur. Il dégage au contraire une vision éminemment pragmatique : une vision qui peut aisément voyager dans le temps. Il se base sur l'observation de la manière de vivre de ceux qui sont heureux autour de lui. À la jeune femme qui se demande si elle doit se faire avorter, il répondrait : « Discutes en avec ton entourage, consulte des gens qui te semblent mener une vie bonne, être prudents et sages, et à qui tu fais confiance ». Il lui demanderait : « Quel est ton plan de vie ? Celui de ton copain se rapproche-t-il du tien ? Pose-toi la question : quel serait le bon comportement à adopter, le mauvais ? Enfin, prends ta décision toi-même et assume-la. »

En somme, Aristote part de la réalité, toujours changeante, et des liens que les individus nouent entre eux dans le quotidien. Par ailleurs, il professe une conception optimiste de la nature humaine, selon laquelle chacun peut trouver le bonheur sur Terre en pratiquant la vertu, en suivant l'excellence de sa propre nature.

La première phrase du traité d'Aristote, la *Métaphysique*, commence ainsi : « Tous les humains ont par nature le désir de savoir » (*Métaphysique* : 980a21). Notre présentation d'une des œuvres majeures d'Aristote, l'*Éthique à Nicomaque*, vous invite donc à réfléchir à la recherche du bonheur et de la bonne vie. À vous ensuite, chers lecteurs, de faire preuve de curiosité, d'observer les faits et de découvrir par vous-mêmes la profondeur de sa pensée.

ARISTOTE :
ÉLÉMENTS DE BIOGRAPHIE

On ne connaît pas précisément la vie d'Aristote, car ses écrits, dont la majorité a été perdue, ne révèlent que peu de détails sur sa personne. C'est par l'apport des commentateurs, comme Diogène Laërce au 3e siècle, que l'on a pu reconstituer quelque peu le destin de celui qui est, avec Socrate et Platon, le fondateur de la philosophie occidentale.

Aristote vient au monde en ~384[2] à Stagire en Chalcidique, colonie grecque de Macédoine, près du mont Athos, d'où son surnom le *Stagirite*. Son père, Nicomaque, est le médecin personnel du roi de Macédoine, Amyntas II. Sa mère Phaéstis est sage-femme. Cette descendance et ce milieu expliquent peut-être l'importance qu'Aristote accordera à l'observation

Aristote par Paolo Veronese (v.1560), Bibliothèque nationale Marciana, Venise.

des faits, à l'expérience concrète et à la nature. Aristote est d'abord élevé parmi les membres de l'aristocratie. À onze ans, son père décède, puis sa mère quelque temps plus tard. Il est alors élevé par son beau-frère, Proxène d'Atarnée. Vers l'âge de dix-sept ans, en ~367, Aristote se rend à Athènes et entre à l'Académie, l'école de philosophie de Platon (la première du genre). Il y restera près de vingt ans, jusqu'à la mort de Platon en ~347. Disciple studieux et intelligent, Aristote reste cependant critique, notamment de la théorie des Idées de Platon. « Vérité et amitié nous sont chères l'une et l'autre, mais c'est pour nous un devoir sacré d'accorder la préférence à la vérité » (1096a15)[3], dira-t-il.

[2] À cette date, Platon a quarante-quatre ans et Socrate est mort depuis quinze ans.

[3] Les références au texte de l'*Éthique à Nicomaque* sont indiquées seules entre parenthèses.

Aristote enseignant à Alexandre le Grand par Jean Leon Gerome Ferris (1895).

N'ayant pas été choisi pour succéder à Platon à la tête de l'Académie, Aristote quitte alors Athènes et se rend en Asie mineure, à la cour de son ami Hermias d'Atarnée, un ancien esclave libéré devenu Tyran (souverain) du royaume de Mysie (nord-ouest de la Turquie actuelle). Il étudie la botanique et la zoologie, principalement sur l'île de Lesbos. Aristote s'éprend de la fille adoptive d'Hermias, nommée Pythias, et l'épouse. Ils auront une fille du même nom. À la mort du Tyran, Aristote devient, en ~343, à la demande de Philippe de Macédoine, le précepteur du futur héritier du trône, Alexandre le Grand. Cette tâche, qui dure trois ans, lui permet de réfléchir au contenu du meilleur enseignement pour former un bon dirigeant politique. Élève doué et épris de pouvoir, Alexandre sera encouragé par Aristote dans ses conquêtes qui diffuseront les richesses de la culture grecque dans tout le monde connu de l'époque. Son expédition militaire le conduira jusqu'aux Indes, en passant par l'Afghanistan.

En ~335, Aristote retourne à Athènes et, l'année suivante, fonde sa propre école, le Lycée. Pour réaliser son projet, « il loue quelques maisons au nord-est de la ville, entre le mont Lycabette et l'Ilisos, près du Lycée, gymnase consacré à Apollon Lycien qui avait été un des lieux favoris de Socrate » (GAUTHIER 1958: 21). En effet, étant un étranger résident, un métèque[4], il n'a pas le droit de propriété. Il enseigne en marchant avec ses élèves qui prennent le nom de *péripatéticiens*, de « *peripatein* » qui signifie « se promener » en grec. Il met sur pied une bibliothèque imposante et invite ses élèves à faire des recherches, notamment en sciences naturelles et en histoire politique[5].

---

[4] Bien que Grec, Aristote n'était pas citoyen d'Athènes de plein droit.
[5] Le Lycée sera fermé par l'empereur Justinien en 523 avec les autres écoles philosophiques grecques.

L'école d'Aristote par Gustav Adolph Spangenburg
(1883-1888).

Pendant cette période, sa femme Phytias décède. Il se remarie avec Herpyllis de Stagire, une esclave qu'il rendra libre par testament. Elle lui donnera un fils, Nicomaque, qui meurt jeune, peu après la composition de l'*Éthique à Nicomaque*. C'est durant ce séjour à Athènes, de ~335 à ~323, qu'Aristote rédige la majorité de son œuvre.

Son élève Alexandre le Grand décède de fièvre[6] en ~323 à Babylone (dans l'actuelle République d'Irak), ce qui donne libre cours, à Athènes, à la montée d'un sentiment anti-macédonien ou anti-Alexandre[7]. Aristote, que l'on accuse également d'impiété comme Socrate avant lui, est associé à ces critiques. Il refuse de laisser les Athéniens commettre un nouveau crime contre la philosophie et s'exile avec sa seconde épouse et sa fille Phytias. Il meurt l'année suivante en ~322 à Chalcis, sur l'île d'Eubée, d'une maladie digestive. Il a 62 ans.

L'ŒUVRE D'ARISTOTE

Polyvalent, Aristote s'est intéressé à de très nombreux sujets, contribuant à tous les domaines du savoir de son époque. Il a écrit une série de traités de philosophie qui établissent les règles de la logique et de la pensée rationnelle : l'*Organon*, la *Rhétorique* et la *Poétique*. Il a également rédigé des livres sur la nature : la *Physique*, les *Météorologiques* et le *Traité du ciel* pour expliquer les phénomènes naturels, et *De l'âme*, les *Parties des animaux*, les *Petits traités d'histoire naturelle*, qui discutent du vivant et de l'être humain. Enfin, il a rédigé la *Métaphysique* et des ouvrages éthiques et politiques comme l'*Éthique à Eudème*, *La grande morale*, la *Politique*[8] et bien sûr l'*Éthique à Nicomaque*.

---

[6] Certains historiens prétendent qu'il aurait été empoisonné, mais rien ne permet de le confirmer.

[7] Alexandre avait soumis la Grèce entière, parfois de façon fort violente (destruction complète de Thèbes en ~335) et assuré son pouvoir sur Athènes.

[8] Les éditions contemporaines de cette œuvre la désignent sous le titre *Les politiques*.

Malheureusement, les ouvrages d'Aristote destinés au grand public ont tous été perdus et il nous est impossible d'apprécier directement la plume du Stagirite. Cicéron, qui a eu la chance de lire ces livres disparus, en vante le style incomparable.

La plupart des textes attribués à Aristote sont en réalité des notes de cours prises par ses élèves, si bien que, d'une part, l'ordre de présentation des idées n'est probablement pas d'Aristote lui-même. D'autre part, ces textes sont encombrés de répétitions, de sujets semblables qui sont traités à nouveau dans des contextes différents, et tout porte à croire que ces particularités ne sont pas non plus le fait de l'auteur.

Malgré cela, aucune autre philosophie ne fut plus commentée pendant tout le Moyen Âge, tant par les philosophes et les Pères de l'Église chrétienne, dont saint Augustin et saint Thomas d'Aquin, que par les penseurs juifs, comme Philon d'Alexandrie et Moïse Maïmonide, et les philosophes arabes, comme Averroès ou Avicenne. De nos jours encore, Aristote demeure une référence inévitable pour tout penseur qui se penche sur l'éthique et les fondements de la vie en société. Il a notamment influencé John Stuart Mill, Karl Marx, Friedrich Nietzsche, Martin Heidegger, Hans-Georg Gadamer, Paul Ricœur et Charles Taylor.

C'est vers ~74 que l'ensemble de l'œuvre d'Aristote sera éditée par Andronicos de Rhodes, un philosophe péripatéticien. Vers 900, l'*Éthique à Nicomaque* est traduite en arabe, puis en latin vers 1100. En 1240, Hermann l'Allemand traduit en latin le commentaire d'Averroès sur cette œuvre. Elle sera finalement traduite en français par Oresme en 1370, à la demande du roi Charles V.

En 1831, August Immanuel Bekker (1785-1871), philologue et helléniste allemand, publie pour l'Académie des sciences de Berlin une édition en deux tomes de toute l'œuvre d'Aristote. Sa pagination deviendra la norme de référence pour citer Aristote dans toutes les langues : chaque page de chaque ouvrage d'Aristote est numérotée et divisée en deux colonnes signalées par les lettres a et b, ce qui forme un corpus allant de 1 à 1462b18[9]. L'*Éthique à Nicomaque* commence à la page 1094a1 et se termine à la page 1181b23.

La division du texte en livres et en chapitres relève, quant à elle, d'une méthode employée au Moyen Âge par les thomistes[10]. Nous avons donc utilisé à la fois ce procédé – ajoutant également des titres et des intertitres – et la numérotation de Bekker afin de faciliter la lecture et de faire ressortir l'organisation de l'*Éthique à Nicomaque*.

[9] Voir DESCLOS 2004.
[10] Le thomisme est une école philosophique qui se réclame de la pensée et de la théologie de saint Thomas d'Aquin.

REPÈRES HISTORIQUES ET CULTURELS

Histoire	Aristote	Culture
~8e siècle		**~8e siècle**
~776 Premières Olympiades, qui se termineront vers 500 avec la fin de l'Antiquité.		Homère, auteur de l'*Iliade* et de l'*Odyssée*.
~753 Fondation de Rome par Romulus et Remus, nourris par la louve romaine selon la légende.		Hésiode, poète et écrivain, *Les travaux et les jours*, *Théogonie*.
~750 Début de la période archaïque.		
~7e siècle		**~7e siècle**
~640 Solon lance une réforme sociale et politique qui entraîne l'essor d'Athènes.		v.~625 à v.~546 Thalès de Milet, philosophe et mathématicien; ébauche d'une science de la nature.
~625 Dracon fait une première réforme du système de justice athénien.		v.~610 à v.~546 Anaximandre, philosophe et mathématicien.
~621 Dracon initie la démocratie à Athènes, il fait adopter un droit écrit très sévère.		
~6e siècle		**~6e siècle**
~600 à ~590 Première guerre sacrée à Delphes.		v.~580 à v.~500 Pythagore, philosophe et mathématicien.
~594 Solon crée les principales institutions démocratiques d'Athènes.		v.~576 à v.~480 Héraclite, surnommé l'« Obscur », philosophe.

Histoire	Aristote	Culture
		v.~570 à v.~480 Xénophane, philosophe. v.~586 à v.~526 Anaximène, philosophe. v.~544 à v.~450 Parménide, philosophe. v.~525 à ~456 Eschyle, dramaturge, *Les Perses, Prométhée enchaîné, Les Sept contre Thèbes*.
~507 Clisthène consolide l'organisation démocratique.		
~500 Début de la période classique. La Grèce est constituée d'une centaine de cités.		v.~500 à v.~428 Anaxagore, philosophe, enseigne à Périclès et peut-être à Socrate.
~5ᵉ siècle ~490 et ~480 Guerres médiques, les cités grecques résistent aux Perses.		~496 à ~406 Sophocle, dramaturge, *Œdipe roi, Antigone, Ajax, Électre*. v.~490 à v.~435 Empédocle, philosophe. v.~490 Phidias sculpte le Zeus de l'Olympie et décore le Parthénon sur l'Acropole d'Athènes.
~480 Bataille des Thermopyles, Léonidas, avec ses 300 Spartiates affronte les armées de l'empereur perse Xerxès. ~480 Thémistocle commande la flotte athénienne et remporte la victoire de Salamine.		v.~487 à ~380 Gorgias, sophiste et orateur. v.~485 à v.~420 Zénon d'Élée, philosophe. v.~485 à v.~410 Protagoras, sophiste célèbre. v.~484 à v.~425 Hérodote, historien; voyages en Afrique, en Asie et en Europe. v.~480 à ~406 Euripide, dramaturge, *Andromaque, Les Troyennes, Électre, Oreste*. ~470 Naissance de Socrate.

Histoire	Aristote	Culture
~451 Accession au pouvoir de Périclès.		v.~460 à v.~370 Démocrite, philosophe matérialiste, fondateur de l'atomisme.
~450 Athènes à la tête de la Ligue de Délos, perçue peu à peu comme un « empire athénien », suscite rivalités et conflits.		v.~460 à v.~400 Thucydide, *Histoire de la Guerre du Péloponnèse*.
~446 Traité de paix de Trente ans entre Athènes et Sparte.		v.~460 à v.~377 Hippocrate, médecin.
~431 Début de la guerre du Péloponnèse.		v.~450 à v.~386 Aristophane, auteur de comédies.
~430 à ~429 Siège de Potidée (auquel participe Socrate).		
~430 Grande épidémie de peste ou de fièvre typhoïde.		
~429 Mort de Périclès. Le « Siècle de Périclès » représente l'apogée d'Athènes.		v.~428 à ~347 Platon, auteur de nombreux dialogues mettant en scène Socrate, dont *Hippias majeur, Apologie de Socrate, Ménon, Le banquet, La république*.
~424 Défaite de Délion, Athènes est vaincue par Thèbes.		~423 Aristophane, *Les nuées*.
~421 Paix de Nicias, entre Athènes et les Spartiates.		
~411 à ~404 Multiples bouleversements politiques et militaires. Athènes vit sous l'oligarchie, puis sous une forme de démocratie. Elle connaît finalement la tyrannie des Trente.		
~406 Victoire d'Athènes aux îles Arginuses.		

Histoire	Aristote	Culture
~404 Fin de la guerre du Péloponnèse.		~399 Mort de Socrate, condamné par la démocratie athénienne.
~404 à ~378 Domination d'Athènes par Sparte.		v.~365 à ~275 Pyrrhon, fondateur du scepticisme.
~403 Retour de la démocratie. Il s'agit maintenant d'une démocratie constitutionnelle (constitution écrite) et non d'une démocratie orale et coutumière.		v.~360 Aristippe le Jeune; suivant l'enseignement de sa mère, Arété (doctrine des plaisirs ou hédonisme), il continue l'école cyrénaïque.
~4ᵉ siècle	~384 Naissance d'Aristote à Stagire.	
~384 à ~322 Démosthène, chef d'État démocrate et grand orateur.	~367 Aristote se rend à Athènes et entre à l'Académie de Platon.	
	~347 Mort de Platon. Aristote quitte l'Académie et part pour Atarnée.	v.~341 à ~270 Épicure, penseur de l'épicurisme.
	~343 Précepteur d'Alexandre le Grand.	
~338 Philippe II de Macédoine soumet Athènes.	~338 Retour à Athènes.	
~336 Alexandre le Grand succède à son père, Philippe de Macédoine, à l'âge de vingt ans. Il soumet la Grèce et entreprend la conquête de l'Empire perse.	~336 Fondation du Lycée.	v.~335 à v.~264 Zénon de Citium, fondateur du stoïcisme.
	~335 à ~323 Aristote rédige la majorité de son œuvre dont l'*Éthique à Nicomaque*.	v.~325 à ~265 Euclide, auteur de la méthode axiomatique et des *Éléments*, texte fondateur de la géométrie.

Histoire	Aristote	Culture
~332 Fondation d'Alexandrie en Égypte, du nom d'Alexandre le Grand.		v.~310 à ~230 Aristarque de Samos, astronome et mathématicien ; il est l'un des premiers à concevoir l'idée que la terre tourne sur elle-même et autour du soleil.
~323 Mort d'Alexandre le Grand. Début de la période hellénistique.	~323 Fuite d'Athènes.	
	~322 Décès à Chalcis, sur l'île d'Eubée.	
		v.~287 à ~212 Archimède, scientifique grec qui a énoncé le « théorème d'Archimède ».
		v.~276 à v.~194 Ératosthène, astronome, géographe et mathématicien ; il mesure la circonférence terrestre à quelques kilomètres près.
~146 Sac de Corinthe par les Romains. Début de la domination romaine en Grèce.		
~31 Bataille d'Actium, fin de la civilisation hellénistique initiée par Alexandre le Grand.		

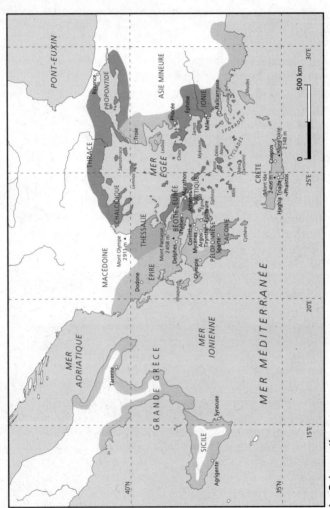

La Grèce antique.

LE CONTEXTE POLITIQUE ET CULTUREL DE L'*ÉTHIQUE À NICOMAQUE*

La pensée d'Aristote se situe dans le cadre d'une société, d'une civilisation, dont l'influence a été majeure dans l'histoire humaine, la Grèce antique. Elle a connu un développement sans précédent que l'on a qualifié de « miracle grec ». Il s'agit d'une époque phénoménale qui a vu, en quelques siècles, l'émergence d'une foule de nouveaux savoirs, l'éclosion d'innombrables possibilités inédites. La liste des nouveautés apportées au monde par les Grecs est longue : éclosion de la « rationalité scientifique » qui veut expliquer l'univers sans faire appel aux dieux, aux forces occultes ou aux mythes, et qui aborde tous les problèmes sur le plan rationnel ; invention de la géométrie avec Pythagore et Euclide, de la mécanique avec Archimède, de l'astronomie et de la mesure de la circonférence terrestre avec Ératosthène ; perfection de la sculpture avec Phidias et construction du Parthénon ; développement de la médecine avec Hippocrate ; rayonne-

Reconstitution de l'Acropole et de l'Aréopage à Athènes par Leo von Klenze (1846).

ment du théâtre avec Eschyle, Sophocle et Euripide, de la poésie avec Homère, de l'histoire avec Thucydide ; apparition de l'idée de démocratie avec Dracon, Solon et Périclès ; et surtout invention de la philosophie avec notamment Thalès, Héraclite, Parménide, Socrate et Platon, et de l'éthique avec Aristote. Des « Sept merveilles du monde antique », autres que les pyramides d'Égypte et les jardins suspendus de Babylone, cinq sont grecques : la statue de Zeus Olympien de Phidias à Olympie, le temple d'Artémis à Éphèse, le tombeau de Mausole (mausolée) à Halicarnasse, le phare d'Alexandrie et le colosse de Rhodes, œuvre de Charès.

POLIS ET DÉMOCRATIE : LE MIRACLE GREC

La principale nouveauté que la culture grecque introduit est une forme d'organisation sociale sans équivalent ailleurs dans le monde : la cité ou *polis*, exemplifiée par Athènes.

En effet, « l'origine de la philosophie morale grecque s'inscrit dans le contexte historique et culturel de la religion civique, d'une polis au sein de laquelle l'épopée homérique, avec ses dieux et ses héros, jouait un rôle central » (RAWLS 2008 : 14).

« Périclès, fils de Xanthippe, Athénien. » Copie romaine en marbre d'après un original grec (v.~430), Musée Pio-Clementino, Vatican.

La démocratie – un régime politique bien différent de ceux qui portent ce nom aujourd'hui – s'est constituée à travers plusieurs étapes, retours en arrière et soubresauts. Elle a débuté par la mise en place d'un système de justice visant l'équité de traitement avec Dracon, en ~625, puis par les réformes de Solon, en ~594, qui met fin à l'esclavage pour dettes, rédige un code de lois qui s'applique à tous les hommes libres et tente d'équilibrer les rapports entre les riches et les pauvres. Il établit les principales institutions de la démocratie grecque : l'Assemblée du peuple (l'Ekklésia), le Conseil (la Boulè) et le Tribunal (l'Héliée). Clisthène après lui, porté pouvoir à l'occasion d'une révolution, promulgue la règle de l'égalité des citoyens devant la loi : on se rapproche d'un État de droit.

Périclès[11] parachèvera l'œuvre démocratique en limitant les pouvoirs des aristocrates et en permettant à la troisième classe des citoyens d'accéder aux charges publiques en les rémunérant. On nommera « Siècle de Périclès » l'époque où il a été au pouvoir, la plus brillante de la civilisation grecque. Il se développe un esprit de liberté qui marquera toute la vie des citoyens. Dans la cité, ceux-ci prennent l'habitude de discuter des affaires publiques et de rendre des comptes. Cette nouvelle activité se traduit en grec par *logos* ou « raison ». C'est le début de la philosophie.

Dans ce système politique, chaque citoyen peut se voir confier une charge publique pour une année seulement et est tiré au sort notamment pour devenir membre du Conseil des cinq-cents – la Boulè. Seuls les stratèges ou chefs militaires, qui sont élus, peuvent, compte tenu de la complexité de leur tâche, être réélus par l'Assemblée du peuple. C'est ce qui arriva à plusieurs reprises à Périclès. Il faut préciser que seuls les 35 000 citoyens mâles sont aptes à participer à la chose publique, ce qui fait de la démocratie grecque un régime qui exclut la plus grande partie du peuple et les 300 000 esclaves qui n'ont pas de droits. Les citoyens sont obligés, sous peine d'amende ou de prison, de participer aux débats publics qui durent souvent de sept à huit heures par jour. Si bien que, dans le cercle restreint des citoyens, la plupart connaissent les autres hommes libres, débattent ensemble des affaires de la cité, ce qui favorise les liens d'amitié.

Les citoyens aristocrates ne connaissent pas le travail manuel et jouissent de beaucoup de loisirs. Ils consacrent leur temps à la gymnastique pour se préparer à la guerre et à l'éducation pour être en mesure de bien diriger politiquement. Ils engagent des pédagogues pour accompagner leurs enfants à l'école et, plus tard, des précepteurs pour enseigner les rudiments des professions libérales. Chaque citoyen est libre de vivre à sa guise et tous sont égaux devant la loi. Mais chacun est « esclave de la loi » (PLATON *Criton* : 50e), dans le sens qu'il ne peut désobéir à une loi qu'il est réputé avoir votée, d'où le refus de Socrate de quitter Athènes pour éviter sa condamnation.

Mais Athènes, même à son apogée, est également une cité en guerre. Il y eut les guerres médiques (~490 à ~479) et la guerre du Péloponnèse (~431 à ~404) qui se termina avec la défaite des Athéniens et inaugura une longue période de bouleversements, qui débouchera, plus tard, sur la domination romaine.

---

[11] Il confiera à Phidias la construction du Parthénon, symbole de l'UNESCO.

En cette période mouvementée, la démocratie a le mérite de rendre les citoyens responsables des décisions étatiques et de mettre de l'avant le discours rationnel comme moyen de régler les différends et de parvenir aux meilleures décisions. La Grèce démocratique connaît un développement culturel et économique fulgurant. Mais c'est aussi le développement d'une société où l'intérêt peut parfois s'exprimer plus fortement que la justice, où le foisonnement d'orateurs démagogues la fera s'éloigner de ses idéaux démocratiques et minera la « fraternité » qui avait pu sous-tendre les relations entre hommes libres.

La mort de Socrate (en ~399) apparaît en fait comme le point tournant qui met en lumière l'échec d'une société qui se voulait juste et équitable, un prélude à la décadence qui suivra.

Hoplite. Détail d'un cratère en bronze (v. ~510), Châtillon-sur-Seine.

Avec l'arrivée d'Alexandre le Grand et ses conquêtes, une nouvelle période commence : le monde hellénistique (~323 à ~146). La cité décline et est remplacée, comme partout ailleurs, par une monarchie centralisée. Les Grecs n'obéissent plus à la loi édictée par le peuple, mais à un homme, le roi. De plus en plus, les citoyens soldats grecs, les hoplites, qui, par le service militaire, constituent une milice – le peuple défendant le peuple – sont remplacés par des mercenaires, guidés par le gain. La grande propriété se développe, ce qui augmente le pouvoir des propriétaires terriens. L'écart entre les riches et les pauvres s'accentue. La Grèce se dépeuple. Les pauvres n'ont plus d'enfants « et, s'ils en ont, ils les exposent[12] » (LÉVÊQUE 1992 : 27). La piraterie réapparaît. Sous Philippe V (~238-~179), les pauvres tentent une dernière fois d'obtenir l'abolition des dettes, mais en vain. Le pouvoir se déplace vers Rhodes et Délos. Les cités, ces formes originales d'organisation du pouvoir, ne jouent plus un rôle prépondérant. On assiste à la désagrégation des liens sociaux qui avaient permis la naissance de la cité et de la démocratie.

---

[12] L'exposition consiste à laisser un nouveau-né exposé à l'extérieur pendant les vingt-quatre premières heures de sa vie, de manière à éliminer les plus faibles.

UN CHANT DU CYGNE PHILOSOPHIQUE

Les philosophes réagiront différemment à ces changements qui s'annoncent. Certains vont tenter de trouver refuge dans une cité idéale pour remplacer celle disparue. Quatre grandes écoles de pensée apparaissent à cette époque, qui élaborent des idées originales pour résoudre les problèmes nouveaux. S'inspirant des valeurs aristocratiques des premiers Grecs présentées par Homère, Platon se réfère à un monde parfait et spirituel, origine et modèle du monde matériel que nous connaissons, pour poser les principes d'une société juste. Par leur idéalisme qui tend à faire oublier la dureté de la réalité, ses écrits reflètent cependant un certain découragement. Dans le même temps, il espère pouvoir freiner le déclin de la société avec la fondation de l'Académie, censée former de bons dirigeants prudents, à l'image des plus grands comme Périclès. Zénon, quant à lui, fonde l'école du Portique (*Stoa* en grec) : les stoïciens imaginent une cité universelle valorisant l'égalité et la fraternité entre tous. C'est une première forme de cosmopolitisme. À l'opposé de Platon et des stoïciens, Épicure et ses épicuriens ne veulent pas proposer de solution politique. De leur école, nommée le « Jardin », qui accueille femmes et esclaves, ils prônent la recherche de la vie heureuse dans le retrait des affaires publiques, entre amis et en dehors des cités.

Aristote tente également de poser les fondements et les conditions d'un vivre ensemble basé sur la raison, mais en partant du concret. Il recherche une forme d'organisation convenable en analysant et en prenant le meilleur des constitutions de 158 cités de son époque. De plus, il comprend qu'une composante fondamentale est nécessaire pour réformer la cité et assurer la bonne vie à ses citoyens : une éthique, la pratique des vertus qui trouve son accomplissement dans la vie sociale. Il n'est d'ailleurs pas le seul. En effet, toutes les écoles confrontées à la décadence de la cité prônent d'une façon ou d'une autre une des vertus les plus élémentaires et les plus importantes : l'amitié. Avec un ami, l'honnête homme est juste, bon et généreux. L'amitié est l'essence de la cohésion sociale et de la bonne vie, et surpasse ainsi la justice et les lois.

C'est en réfléchissant à cette décadence qu'Hegel a écrit cette célèbre phrase :

« En tant que pensée du monde, elle [la philosophie] apparaît lorsque la réalité a accompli et terminé son processus de formation. [...] Ce n'est qu'au début du crépuscule que la chouette de Minerve[13] prend son vol » (HEGEL 1940 : 45).

---

[13] Minerve, divinité romaine correspondant à Athéna chez les Grecs, déesse de la sagesse et de la science, est toujours représentée avec une Chouette. Cette dernière en est venue à symboliser la philosophie.

Pour l'historien de la philosophie, cette branche du savoir humain débute avec la fin de la civilisation qui l'a inventée. Les penseurs commencent à réfléchir sur leur monde lorsque celui-ci s'écroule. Avant de tirer les leçons de l'apport d'un peuple à l'histoire de l'humanité, ce dernier doit avoir marqué cette même histoire pendant plusieurs siècles. Et c'est l'ultime témoignage de cet apport qu'Aristote réunit dans son œuvre...

Tétradrachme (v.~449-~404), monnaie grecque valant quatre drachme, où figure une chouette. L'autre face est ornée... d'Athéna.

LES THÈMES DE L'*ÉTHIQUE À NICOMAQUE*

Que doit-on faire pour être heureux jusqu'à la mort? Les autres peuvent-ils faire notre bonheur à notre place? Quelle est la place du plaisir dans une vie heureuse? Les enfants, les handicapés et même les animaux peuvent-ils connaître une forme de bonheur? L'homme malhonnête ou injuste peut-il être heureux en commettant une mauvaise action? Dans quel type de société doit-on choisir de vivre pour avoir le plus de chances d'être heureux?

Voici quelques questions qui nous touchent tous et auxquelles Aristote répond par son enseignement, questions qui se résument à celle-ci: que puis-je faire concrètement pour être heureux aujourd'hui? Aristote part d'un

Bonheur, amour, amitié, les plus grandes valeurs recherchées par les humains. Intérieur d'une coupe attique à figures rouges (v.~480), Louvres, Paris.

constat simple: ce que les gens recherchent le plus, c'est le bonheur. C'est pourquoi, dans son *Éthique*, il nous invite à mieux connaître et comprendre l'être humain, afin de mieux diriger nos actions vers l'atteinte du bonheur, notre plus intime ambition. Comme nous allons le voir dans cette section, cette affirmation repose sur une observation attentive de la nature humaine, de laquelle Aristote tire une conception originale de l'être humain, et sur laquelle s'érige notamment sa vision de la vertu, de la vie en société, de la justice et de l'amitié, qui sont elles-mêmes des conditions du bonheur.

LE BONHEUR: LE BUT DE L'ÊTRE HUMAIN ET DE LA MORALE

Aristote observe que tout dans la nature possède une finalité, un but, et que rien n'existe inutilement. Le cheval de trait n'a pas le même usage que le cheval de course. Les différents métaux sont utilisés pour produire différents objets, selon leurs propriétés. L'eau rafraîchit les êtres vivants. Les arbres servent à la construction d'habitats pour protéger les hommes ou les oiseaux. Chaque être a un rôle à jouer, une fin à atteindre, conformément à sa nature : ce que le Anciens, dont Aristote, nommaient « vertu ». Pour vivre une bonne vie, l'humain doit viser une bonne fin, utile au groupe. Il doit être vertueux pour y arriver, et s'il y arrive, il sera vertueux. L'un ne va pas sans l'autre. Pour courir le marathon il faut avoir un cœur en forme, et celui qui le court développera un cœur en forme.

Le but de la vie de l'être humain, ou sa finalité, se manifeste de deux manières : se reproduire et accomplir sa tâche dans la société. Ainsi, le médecin aide le malade à guérir. L'ingénieur calcule la résistance des matériaux pour construire un pont. L'instituteur enseigne à lire, à écrire et à compter. Tous ont une fonction, mais également une ambition, qui dépend de leur vertu propre, et qui dépend aussi leurs désirs et de leurs manques : celui qui est pauvre veut obtenir de l'argent ; celui qui est seul aspire à rencontrer l'âme sœur, etc. Si tous ont une fonction, tous n'ont pas la même vocation, tous n'ont pas la même vertu. Et cette conception d'une inégalité originelle entre les humains, Aristote la partage avec les Grecs de

Vocation, fonction et excellence : médecin soignant un patient. Aryballe attique à figures rouges (v.~480), Louvres, Paris.

l'époque : par exemple, certains sont faits pour gouverner et d'autres pour obéir. Les vertus sont accessibles à tous, mais exigent « quelque étude et quelque soin » (1099b20).

Également, pour Aristote, certains gestes, certaines finalités, sont subordonnés à d'autres. Ainsi, le verrier doit suivre le plan du dessinateur de l'automobile qui recevra un pare-brise. L'avocate, qu'elle représente la Couronne ou un accusé, doit agir comme un officier de la Cour et aider le juge à rendre un bon · jugement. Pour finir, toutes nos actions visent un bien, une bonne manière de faire. En effet, personne n'achète un vêtement laid, ne choisit de visionner un mauvais film ou de gaspiller de la nourriture. Cependant, il existe des manières de faire qui sont meilleures que d'autres, des biens supérieurs à d'autres, notamment les biens de l'âme.

De tous les biens que nous recherchons, il en est un qui surpasse tous les autres et qui les englobe tous : c'est le bonheur. Nous attribuons au bonheur la valeur suprême, parce que nous ne pouvons imaginer quelque chose de supérieur. Mais, avant de définir le bonheur et pour mieux le situer dans la réalité humaine, dans notre quotidien, attardons-nous à comprendre la nature de l'humain.

Observer la nature humaine : l'âme

Posons tout d'abord que l'humain est un tout : il faut se retenir de dissocier le corps de l'esprit, comme l'a fait Platon, voyant dans le premier l'habitacle du second. Pour Aristote, l'un n'est pas indépendant de l'autre : corps et esprit ne font qu'un et n'existent pas l'un sans l'autre. Ils n'englobent toutefois pas la même réalité. L'âme est le principe qui donne vie au corps, qui l'anime[14].

Ce qui distingue les êtres vivants est donc non seulement la configuration de leur corps, qui s'ajuste aux finalités pour lesquelles il est formé, mais également leur âme. L'âme suit une division qui correspond aux trois règnes : végétal, animal et humain (FRAPPIER 1990 : 93) et ses qualités peuvent être séparées en deux parties : la partie irrationnelle (âme végétative et âme sensible) et la partie rationnelle (âme intellective et âme délibérative)[15].

La partie irrationnelle comprend l'âme végétative qui est commune à tous les êtres vivants. Elle correspond aux appétits du corps et détermine la reproduction et l'alimentation. Ces fonctions assurent la subsistance et la survie des êtres vivants : plantes, animaux ou hommes (1102b1). Elle comprend également l'âme sensible (*pathos*), qui correspond aux émotions et qui nous fait préférer une chose plutôt qu'une autre : c'est le lieu des sympathies et des antipathies, siège des plaisirs et des passions, c'est la partie désirante. Les plantes ne possèdent pas cette âme, que nous partageons seulement avec les animaux.

La partie rationnelle, quant à elle, comprend deux parties – une *scientifique* et une *calculatrice ou pratique* (1139a12) – qui n'existent que chez les

---

14 « Il ne faut jamais oublier qu'au moment où il écrivait l'*Éthique à Nicomaque*, Aristote n'avait pas encore uni l'âme au corps, ni séparé de l'âme immortelle l'Intellect immortel. Sa morale [...] est une morale de transition » (GAUTHIER 1958 : 15).

15 Certains historiens de la philosophie présentent la conception de l'âme d'Aristote en trois parties ; d'autres en deux parties. Aristote observe de nombreuses réalités qui se divisent en triades, comme l'âme, les genres de vie, l'amitié, la société. (Voir à ce sujet un tableau résumant ces différentes triades dans la section « L'*Éthique à Nicomaque* en tableaux ».)

humains. D'une part, l'âme intellective ou spéculative (*logos*) est responsable des pensées et de la réflexion. Elle est à l'œuvre dans les sciences théoriques et la sagesse, une vertu intellectuelle contemplative qui nous aide à réfléchir dans l'abstrait sur ce qui ne se calcule pas, sur ce qui ne change pas ou est immuable, bref, sur les principes. D'autre part, l'âme délibérative, qui comprend la sagacité ou prudence[16], est une vertu intellectuelle plus concrète, qui nous aide à agir, à prendre des décisions en vue de l'action. Elle concerne ce qui change, ce qui est en mouvement, ce qui se calcule, c'est-à-dire ce qui est évaluable et en devenir, et concerne les vertus. Obéir à la raison, c'est suivre les biens que notre savoir nous indique comme étant les meilleurs, c'est recourir aux vertus intellectuelles les plus hautes. Ces vertus nécessitent un long apprentissage, l'œuvre d'une vie. Elles doivent s'apprendre auprès des maîtres pour se développer : « La vertu intellectuelle dépend dans une large mesure de l'enseignement reçu, aussi bien pour sa production que pour son accroissement » (1103a15 *voir aussi* 1139a4-1139b24).

L'humain peut donc obéir à sa raison, mais il peut aussi suivre ses appétits. On le voit, un équilibre doit exister entre les parties de l'âme et cet équilibre n'est pas une simple balance à trouver. En effet, il existe un sens : la moralité débute au niveau de la connaissance (*logos*), mais doit s'exprimer dans notre âme sensible (*pathos*) pour vraiment entraîner notre volonté et trouver une application dans la réalité. Ce ne sont pas les sens, les appétits qui doivent guider notre volonté, mais l'esprit, la raison. Dans cette perspective, il n'est pas suffisant de suivre une maxime universelle et purement spirituelle pour être moral ; il faut aussi que l'individu qui adopte cette maxime l'incorpore et la fasse sienne : il faut qu'elle fasse vibrer ses émotions pour qu'il soit en mesure d'agir par rapport à elle. Paradoxalement, diront certains, il faut avoir du plaisir à faire le bien, même si souvent, à court terme, cela peut paraître difficile.

Par conséquent, si Aristote hiérarchise les parties de l'âme, il ne faut cependant pas s'efforcer de développer l'une à l'exclusion d'une autre, dans la mesure ou elles forment un tout[17] qui doit demeurer équilibré pour que

---

[16] « *Phronèsis* » est traduit notamment par « prudence » (Saint-Hilaire, Tricot, Nau), par « sagesse » (Gauthier), par « sagacité » (Bodéüs), par « conscience morale, mise en mouvement » (Heidegger) ou par « souci de réflexion » (Arjakovsky).

[17] Aristote ne précise pas clairement le lien entre la partie sensible et le rationnel. Il est un peu indifférent à ce problème (voir Bodéüs 2004 : 98, note 3). « C'est un peu comme vouloir séparer le convexe et le concave d'une circonférence » (1102a32). « Nous voici devant un des points les plus délicats de la psychologie d'Aristote » (Brun 1988 : 89).

l'humain réalise pleinement sa nature. Pour Aristote, un pur intellectuel ou un être démesurément sensuel ne valent guère mieux l'un que l'autre, puisqu'ils ne recherchent pas la juste mesure. L'objectif est que l'humain se développe de façon harmonieuse pour arriver au bonheur et que ce soit par la raison qu'il contrôle ses appétits et ses passions. « Mais cette classification tranchée ne doit pas nous faire oublier qu'Aristote est essentiellement continuiste, et qu'il voit dans la vie supérieure, non une pure et simple addition, mais bien la réalisation de quelque chose qui était ébauché dans la vie inférieure » (BRÉHIER 1989 : 205).

De plus, toutes les vertus ne procèdent pas de la plus haute partie de l'âme : les vertus morales, comme la tempérance et la générosité, font partie de l'âme irrationnelle, parce qu'elles ne sont pas réfléchies ou conscientes. Elles sont en développement chez l'enfant qui peut être généreux, mais qui ne peut expliquer les raisons qui motivent son geste. Ces vertus jettent un pont entre la partie irrationnelle et les vertus intellectuelles. Elles se développent pendant l'enfance grâce à une éducation fondée sur les sens, c'est-à-dire fortement teintée d'émotions, et elles deviennent des vertus conscientes à l'âge adulte. Aussi, les vertus morales doivent-elles s'acquérir par l'habitude, grâce aux parents et aux éducateurs, pour devenir ensuite des actes de la volonté ou encore une seconde nature. Elles ne sont donc pas « naturelles ». Les habitudes à la base des vertus morales doivent devenir des réflexes qui font partie de la vie, comme la politesse, le vouvoiement des personnes âgées, le civisme, la bienveillance. L'enfant doit les intégrer comme allant de soi : « Le réflexe est comme délégué pour préparer et mettre en train les instruments d'une vie supérieure à venir » (LAVIGNE 1953 : 61).

L'enfance constitue par conséquent une période critique dans le développement de notre bonheur futur : « Ce n'est donc pas une œuvre négligeable de contracter dès la plus tendre enfance telle ou telle habitude ; au contraire, c'est d'une importance majeure, disons mieux, *totale* » (1103b24). En effet, pour Aristote, un adulte ne pourra que très difficilement être heureux s'il n'a pas eu la chance d'acquérir de bonnes habitudes dans son enfance. On pourrait même aller jusqu'à dire que l'homme injuste qui le souhaiterait ne peut devenir juste s'il n'a pas eu l'occasion d'être bien élevé.

Les trois genres de vie

À ces trois parties de l'âme correspondent également trois genres de vie qui, encore une fois, sont à considérer comme des facettes de la vie, facettes qui, bien que hiérarchisées, sont équilibrées entre elles chez un individu sain. Le premier genre de vie est fondé sur les besoins et relève de l'âme végétative : suivre les plaisirs de manière servile. S'adonner exclusivement à ce genre de vie, par lequel on cherche à satisfaire nos besoins matériels et corporels, a le défaut de rendre l'homme dépendant de son corps. De plus, il ne peut se pratiquer jusqu'à un âge avancé, puisque l'assouvissement des plaisirs des sens est limité par les capacités du corps.

Le deuxième genre de vie touche l'action politique et sociale : interagir avec nos semblables, ce qui repose grandement sur les sentiments de sympathie et d'antipathie. Ce genre de vie correspond à l'âme sensible et le bonheur qui s'y rattache dépend des relations avec les autres – la famille, les enfants, les amis, les collègues de travail, les voisins, etc. La recherche des honneurs se rapporte également à ce genre de vie, c'est pourquoi son défaut est de rendre l'individu dépendant des autres.

Le troisième genre de vie est la vie contemplative ou méditative qui se rapporte à l'âme intellective. C'est une vie consacrée à la connaissance, à la recherche de la vérité, à l'exercice de l'esprit : « Elle est en effet une vie de loisir, ou *scolastique* » (ROBIN 1923 : 320). C'est le savant qui fait de la recherche pure, c'est l'artiste qui poursuit une quête esthétique, c'est le philosophe qui vise un idéal. Ce genre de vie rend l'humain complètement autonome, à l'instar d'un dieu et aux antipodes de l'animal. Il le conduit au plus grand bonheur parce qu'il est fondé sur ce qui constitue le trait caractéristique de l'être humain : le développement de son intelligence. Dans sa pratique, l'humain réalise complètement son essence et atteint le but qu'il s'est proposé comme humain ; et il peut le faire jusqu'à un âge avancé.

Il faut préciser que ces trois genres de vie se complètent, sont interdépendants. En effet, la vie contemplative, bien qu'ouvrant au plus grand bonheur, n'exclut pas les autres genres de vie, mais les incorpore : nul ne peut vivre sans prendre soin de son corps, sans plaisir et sans contact avec les autres. De la même façon, le genre de vie qui touche l'action politique, bien que fondé sur les relations avec nos semblables, dépend également directement des connaissances liées à la vie contemplative, sans lesquelles toutes nos décisions politiques ou relationnelles ne seraient qu'impulsions.

La vie de l'esprit est simplement supérieure aux autres, notamment lorsqu'il s'agit de faire un choix éclairé en faveur du bien suprême. Il n'y a que des biens de différente nature, que chacun recherche : dans cette quête, il faut parfois choisir entre un plus grand bien et un bien immédiat inférieur. Par exemple, manger du chocolat est un bien et la santé est un plus grand bien. Il faut choisir entre préférer le bien immédiat que procure l'abus de chocolat ou le bien supérieur de ne pas avoir mal au foie après une indigestion. Bref, il faut trouver un équilibre entre des biens de différentes valeurs, indiqué par nos connaissances et notre discernement… et manger du chocolat avec modération. Nous y reviendrons lorsque nous aborderons la règle d'or d'Aristote : le juste milieu.

Le bonheur divin

On rejoint ici le bonheur le plus grand, celui qu'Aristote qualifie de « divin ». Le Stagirite nous présente les dieux comme ce que l'humain peut imaginer de plus vertueux et de plus heureux ; ils personnifient la synthèse de ce qu'il y a de meilleur dans l'humanité (1099b12, 1101b24). Sans corps, les dieux vivent dans la contemplation des vérités éternelles. Ils sont complètement autonomes et indépendants. L'humain, en choisissant l'activité de l'intelligence spéculative comme fin en elle-même, peut s'approcher du bonheur divin. La vie de l'esprit, l'intelligence, est le che-

Les dieux de l'Olympe par Monsiau (1806).

min qui nous relie aux dieux et nous fait entrer dans leur béatitude. Comme le dit le philosophe : « En effet, en premier lieu, cette activité est la plus haute, puisque l'intellect est la meilleure partie de nous-mêmes et qu'aussi les objets sur lesquels porte l'intellect sont les plus hauts de tous les objets connaissables » (1177a19).

Aristote distingue ici la *theoria*, la connaissance intellectuelle, de la *praxis*, qui permet d'ordonner nos actions, comme dans le monde de la politique. L'homme aspire ainsi à vivre sans obstacle, en pleine indépendance, comme les dieux, « car tous les êtres ont naturellement en eux quelque chose de divin » (1153b32). La vie de l'esprit, non seulement nous fait entrer dans le monde divin, mais attire aussi la bienveillance des dieux.

Modes de vie et importance des biens extérieurs dans l'atteinte du bonheur

Mais le bonheur dépend aussi de plusieurs biens extérieurs, souvent hors de notre contrôle : « Il faut aussi que le corps soit en bonne santé, qu'il reçoive de la nourriture et tous autres soins » (1178b34). Aristote est l'un des premiers et des rares philosophes à reconnaître l'importance des biens extérieurs, dont l'argent, dans l'atteinte du bonheur, objectif qui exige également d'être issu et de vivre dans une famille honorable et respectable, d'avoir une bonne santé, de la beauté, de bons enfants, de côtoyer des concitoyens honnêtes et, par-dessus tout, des amis vertueux (1099a31, *Rhétorique* 1360b). C'est que ces biens sont des préalables à une vie de l'esprit riche et accomplie[18].

La connaissance comme préalable au bonheur

Si le bonheur est le but de la vie, s'il dépend en grande partie de la vie de l'esprit et de notre autonomie, la connaissance joue donc un rôle fondamental dans la quête de la vie bonne. Mais qu'est-ce que la connaissance? Aristote la ramène à deux opérations de l'esprit: la déduction et l'induction. Comme il l'affirme: « N'oublions pas la différence qu'il y a entre les raisonnements qui partent des principes [la déduction] et ceux qui remontent aux principes [l'induction] » (1095a30).

Par exemple, Platon cherche des idées transcendantes, éternelles. Il applique ainsi le procédé de la déduction. Dans *La République*, qui nous présente Socrate cherchant la définition de la société idéale, il déduit d'une discussion théorique (c'est la déduction) des principes abstraits, généraux, que les dirigeants devront par la suite appliquer dans la réalité concrète. La

---

[18] À ce propos, le précepteur d'Alexandre le Grand, comme c'est le cas de la plupart des philosophes grecs avant lui et des hommes libres en général, dévalorise le travail manuel et rejette l'aspect bassement utilitaire et mercantile des études. Comme tous les gens cultivés qui font partie de l'élite, il préconise, pour l'atteinte du savoir le plus élevé, de bénéficier de temps libre et de loisirs (1177b4), des biens que seuls l'argent ou une bonne position sociale peuvent procurer. Dans cette perspective, l'idée qu'un étudiant doive travailler pour sa subsistance lui aurait paru saugrenue, dans la mesure où, pour s'adonner à la vie contemplative, il faut nécessairement avoir couvert ses besoins de base : on ne peut bien apprendre le ventre vide, ni lorsque l'on est préoccupé par des soucis financiers. Comme le remarque justement le philosophe Klaus Held, le mot « école » vient d'ailleurs du latin *schola*, dérivé du grec *scholè* qui signifie « loisir ». On considère souvent les années d'études comme les plus belles de la vie parce qu'elles sont, lorsque cela est possible, vécues dans l'insouciance des tracas et des responsabilités de la vie adulte. Est-ce que cette assertion est encore vraie pour nos jeunes d'aujourd'hui, tiraillés entre les attraits de la société de consommation, les exigences du marché du travail et leurs idéaux, si ce mot a encore un sens ?

conception de la justice de Platon est l'un de ces principes déduits d'un idéal. Dans la société platonicienne, elle domine les vertus[19].

Pour définir le bonheur en suivant le parcours intellectuel de Platon, il faudrait trouver une définition universelle, bonne pour toutes les sociétés et toutes les époques, comme *La République* le fait pour la Justice, le *Phèdre* pour la Beauté, le *Banquet* pour l'Amour, le *Théétète* pour la Science, etc., mais cette démarche est peu pratique et ne s'applique pas immédiatement à la vie courante.

Aristote, contrairement à son maître, privilégie la seconde méthode, qui consiste, à partir du vécu, du concret, du connu, à faire ressortir une définition bonne pour la situation donnée, dans le cadre précis d'une problématique contemporaine. Il ne faut pas oublier que « l'*Éthique à Nicomaque* et les *Politiques* d'Aristote [...] sont les premières lectures critiques de *La République* » (LEROUX 2002 : 57). Ainsi, pour définir les conditions sociales de l'épanouissement de l'homme, Aristote préconise d'« avoir bien montré le fait » (1098b2 *voir aussi* 1139b29, 1171a14, 1179a19) et d'appréhender les principes « par l'induction » (1098b3 *voir aussi* 1139b29).

Cependant, l'induction qui convient à l'étude du monde humain, du contingent[20], est nécessairement plus incertaine que la déduction, puisqu'elle se fonde sur le particulier. Et savoir bien agir n'est pas une science exacte : on ne peut atteindre la même certitude qu'en mathématiques ou qu'en physique. Malgré tout, il faut bien vivre et faire des choix, même de manière sommaire. Comme l'explique Aristote : « C'est donc dans le même esprit que devront être accueillies les diverses vues que nous émettons. Car il convient à un homme cultivé de ne chercher la rigueur pour chaque genre de choses que dans la mesure où la nature du sujet l'admet »

---

[19] En étudiant *La République*, on apprend que, par respect pour ce principe, les meilleurs, choisis d'après leurs mérites, gouvernent. La famille, haut lieu du favoritisme, est abolie. Un réseau universel de garderies permet d'éduquer tous les enfants sur un pied d'égalité. Les gens vivent en commun. Tous obéissent aux devoirs civiques et doivent prier Dionysos ou Bacchus durant les bacchanales. Les jeunes filles, comme les garçons, pratiquent les activités physiques nus dans les palestres. Socrate propose ainsi d'abolir le sexisme... au 5e siècle avant notre ère. Il sera invité à trois occasions par des tyrans pour leur présenter ses idées politiques audacieuses. Il sera mis en prison et vendu comme esclave, parce que ses suggestions défiaient trop les habitudes du temps. Plusieurs lui reprochent d'ailleurs, notamment le philosophe Karl Popper (1902-1994), d'avoir imaginé pour la première fois une forme de communisme totalitaire.

[20] C'est-à-dire « accidentel » ou « non nécessaire ».

(1094b24). Donc, dans le domaine de la morale, comme dans celui de l'éthique, les conclusions risquent d'être plus floues. Il n'y a « rien de fixe ». Mais cela démontre la grande confiance d'Aristote en la capacité de l'être humain qui, par l'observation, le dialogue et la réflexion, peut définir ce qu'est le bien dans une situation donnée.

Dans cette perspective, Aristote considère qu'il faut tenter de connaître l'opinion du plus grand nombre de personnes compétentes possible et en tenir compte. Puisque le bon sens nous dit que les ancêtres, les savants, les experts, n'ont pu tous se tromper, il est nécessaire, pour comprendre les faits que nous observons, de consulter les livres des grands auteurs du passé, des Anciens et des sages (1179a10). On doit aussi être sensible à l'opinion des gens du peuple. Une certaine sagesse s'en dégage, elle nous aide à faire le tour de la question. Cependant, les opinions n'ont pas toutes la même valeur et l'enquête d'Aristote, dans son *Éthique*, consiste précisément à les départager en déterminant quelle part de vérité chacune peut comporter. Aristote applique ainsi une démarche rigoureuse et scientifique à son étude de l'éthique, démarche qu'il fonde et qui le distingue de ses prédécesseurs (1098b27).

Personnification de la vertu (v.135), Bibliothèque de Celsus, Éphèse.

LA RECHERCHE DU JUSTE MILIEU ET LES COMPORTEMENTS VERTUEUX

Nous avons vu que l'éthique, avec Aristote, nous amène à réfléchir aux meilleurs moyens pratiques de parvenir au bonheur et à user de notre intelligence pour déterminer les modalités de nos actions. C'est ce qu'il appelle la *vertu*. Mais qu'est-ce que cela veut dire dans notre quotidien?

L'excellence de l'homme

Originellement, d'un mot qui servait à caractériser la valeur des hommes dans un contexte militaire, la vertu en est venue à désigner, pour les Grecs, l'*excellence* ou la perfection dans l'action : plusieurs vertus sont ainsi apparues selon le but de l'action. Aristote ne donne pas une liste exhaustive des vertus à pratiquer, comme Platon avec ses quatre vertus principales – le courage, la tempérance, la sagesse et surtout la justice – ou comme les chrétiens avec la foi, l'espérance et la charité. Pour l'auteur de l'*Éthique*, la vertu est le moyen d'arriver au bonheur en recherchant l'excellence dans nos actions. La vertu relève ainsi à la fois de la rationalité et d'une certaine prudence. Il la définit ainsi : « Ainsi donc, la vertu est une disposition à agir d'une façon délibérée consistant en un juste milieu relatif à nous, laquelle est rationnellement déterminée et comme la déterminerait l'homme prudent. Mais c'est un juste milieu entre deux vices, l'un par excès et l'autre par défaut » (1106b35). Cette définition très synthétique mérite quelques approfondissements.

Le juste milieu et les comportements vertueux

La recherche du juste milieu est, selon la définition d'Aristote, l'essence de la vertu. Il ne s'agit pas de viser la modération, mais d'adopter, devant tout problème, une façon de penser rationnelle et d'agir avec mesure. Puisque le juste milieu est le moyen terme entre deux extrêmes, c'est en définissant ces deux extrêmes le plus complètement possible, par la discussion rationnelle, que l'on découvrira le juste milieu que l'on pourrait appeler aussi *la règle d'or*. Ainsi, il faut être méthodique et ne rien laisser au hasard.

Mais le juste milieu ne peut être défini pour tous et une fois pour toutes. Il faut faire comme les maçons de Lesbos (1137b30) qui utilisaient une règle de plomb qui se modifiait pour épouser la forme des pierres qu'ils assemblaient. Aussi, il faut pouvoir s'adapter aux situations particulières. Le juste milieu est relatif à chaque personne, à chaque situation concrète : il ne saurait être universel. C'est la médiété, une sorte de « moyenne par rapport à nous » (1106a29 *voir aussi* 1106b28), qui change selon les circonstances. Il n'y a pas de recette ni de solution miracle pour pratiquer la juste mesure. L'enseignement d'Aristote n'est pas une porte ouverte au relativisme[21] à tous crins, mais la reconnaissance que l'humain peut, en développant complètement sa nature, en développant les forces de son âme, déterminer dans chaque situation la meilleure façon d'agir. Il faut toujours revenir au cas concret. Un soldat qui fuit le combat sera vu comme un lâche, mais s'il recule pour mieux préparer ses armes avant d'attaquer, il sera courageux et plus vertueux qu'un téméraire qui attaquerait sans avoir bien mesuré ses forces. Le juste milieu ne veut pas dire qu'il faut être sage

---

[21] Évidemment, il n'y a pas de juste milieu dans le meurtre, le vol ou le viol. On ne peut, plus ou moins, tuer quelqu'un, par excès ou défaut !

modérément, mais que la sagesse représente le sommet d'une montagne dont l'excès et le défaut sont les deux versants.

En revanche, il est parfois difficile de savoir par où il faut commencer pour raisonner. Un exemple : le juste milieu est déterminé par l'homme prudent, mais la prudence revient justement à connaître le juste milieu ! La prudence est illustrée par Périclès qui a la faculté d'apercevoir ce qui est bon pour lui-même et ce qui est bon pour l'homme en général (1140b9). En fait, c'est dans la pratique que l'application de la règle d'or donne un pli salutaire à notre intelligence. C'est pourquoi aucune définition ou science morale ne peut être élaborée : c'est à chacun d'agir avec sa perception du contexte. Sur ce point, Aristote semble entrer dans un cercle logique qui fait ressortir la limite de sa démarche inductive : il semble présupposer une certaine idée de la *médiété* avant de la trouver dans l'expérience. En fait, cette sorte de milieu n'est que l'expression concrète de la prudence elle-même ; elle n'est pas une catégorie de l'esprit que nous appliquons aux choses, mais une nécessité pratique, imposée par la réalité qui nous oblige à nous mouvoir et faire des choix, pris entre des extrêmes[22].

Même si la loi nous donne la priorité, on sait instinctivement que la prudence, la vertu des personnes d'action, nous invite à tout de même faire attention à ce que la voie soit libre.

[22] Mentionnons en aparté que l'ensemble du droit commun (*common law*) des pays de tradition britannique applique ce « pragmatisme » éclairé d'Aristote, pour qui il faut toujours partir du connu et considérer les faits au cas par cas. Les juges, pour déterminer si une faute a été commise dans une situation donnée, se demandent toujours ce qu'une personne *raisonnable*, agissant avec *prudence*, aurait fait dans la même situation. C'est l'aspect inductif qui l'emporte. Tandis que dans le cas du droit civil français, dans la tradition civiliste, toutes les règles doivent être écrites. Elles doivent prévoir tous les cas. C'est l'aspect déductif qui domine.

Les actes volontaires et involontaires – l'ignorance

Aristote nous indique d'ailleurs quelques caractéristiques à prendre en compte quand il s'agit de juger d'une action. Par exemple, il faut déterminer si le geste posé est volontaire ou involontaire, comme dans le cas des actes non consentis, accomplis sous la menace extérieure. Si un tyran exige d'un père qu'il exécute un forfait pour que ses enfants aient la vie sauve, le père agira volontairement en semblant donner son consentement. Mais on peut se demander si son action peut être considérée comme entièrement « volontaire » (1110a5), s'il a agi d'une manière juste ou injuste ou s'il a tout simplement été malchanceux (1135a15-1137a25).

Également, il faut distinguer l'acte accompli « par » ignorance de l'acte accompli « dans » l'ignorance. Le jeune travailleur qui en est à son premier emploi et qui, lors de son premier quart de travail, blesse un collègue parce qu'il ne connaît pas les dangers reliés au fonctionnement d'un nouvel outil, n'ayant pas été informé par son patron ou par ses pairs, a agi « par » ignorance ; même s'il demeure responsable de ses actes, l'accident fut involontaire. Toutefois, le travailleur d'expérience qui blesse un collègue faute d'avoir suivi les formations ou les cours de mise à niveau a agi « dans » l'ignorance. Il est donc responsable de son geste, parce qu'il s'est mis lui-même en position de méconnaître les particularités de ses actions : celles-ci ne peuvent être considérées comme involontaires, comme dans le cas précédent (1110 b25). De même, celui qui conduit avec des facultés affaiblies choisit d'en ignorer les conséquences ; il agit « dans » l'ignorance.

Porter un jugement en de telles situations n'est pas facile. On ne doit pas accepter les explications simples ou non fondées. Comme nous l'avons vu, réfléchir implique une prise de décision basée sur la délibération ou la recherche de toutes les avenues possibles par la discussion avec d'autres personnes. On ne

Deux façons d'envisager le monde et la philosophie. Détail de la fresque *L'école d'Athènes* de Raphaël (1510). Au centre de 58 personnages, dont plusieurs philosophes, Platon, tenant le *Timée*, pointe de la main droite vers le ciel des Idées, tandis qu'Aristote, en réaliste, l'*Éthique à Nicomaque* dans une main, tend l'autre ouverte vers le sol, vers la réalité concrète.

délibère pas sur ce qui ne dépend pas de nous, comme les règles de l'orthographe ou les goûts d'une autre personne. On délibère sur ce qui dépend de nous et sur les situations que l'on peut changer.

Une critique de Platon concernant la responsabilité

Pour Socrate – et Platon à travers lui – « nul n'est méchant volontairement ». En d'autres termes, l'humain est méchant par ignorance du bien, car nul ne peut chercher autre chose que le mieux. Selon Aristote, cette réflexion « est, semble-t-il, partiellement vraie et partiellement fausse » (1113b15). Dans le cas du fumeur de cigarettes qui, en 1960, n'en connaissait pas les effets destructeurs sur sa santé, il est vrai. Mais le jugement de Socrate serait faux pour le fumeur qui, aujourd'hui, continue de nuire à son corps, malgré les campagnes d'information sur les dangers du tabac. Il connaît les conséquences de ses gestes (1145b25).

Cette forme d'ignorance est punissable même si elle peut être expliquée par l'absence volontaire de bonnes habitudes chez le coupable. Pour Aristote, l'homme sain d'esprit est responsable de ses actes. Il possède le caractère qu'il s'est forgé. Invoquer son enfance malheureuse ou le fait qu'il n'a pas eu la chance de recevoir une bonne éducation pour expliquer qu'il ne peut être bon est irrecevable. Il en va d'ailleurs de même pour notre corps dont nous avons la responsabilité. L'homme en santé doit sa bonne fortune à sa volonté de faire de l'exercice, tout comme celui qui est malade d'avoir trop bu ou trop mangé est responsable de son état. Aristote est implacable, comme ce passage en témoigne : « Le malade peut recouvrer la santé, quoiqu'il puisse arriver qu'il soit malade volontairement en menant une vie intempérante et en désobéissant à ses médecins » (1114a15). Ainsi, on entend parfois des personnes impliquées dans un accident ou dans un crime se défendre en plaidant le fait qu'elles étaient intoxiquées par l'alcool et que cela a nui à leur jugement : Aristote leur répondrait que c'est au moment où elles ont commencé à boire, ou à boire trop, qu'elles ont décidé librement de laisser le méfait subséquent se produire. Elles sont donc responsables et leur défense ne tient pas.

LA SOCIÉTÉ : LE CONTEXTE DE RECHERCHE DU BONHEUR

Le bonheur ne peut se confondre avec un plaisir passager, une ivresse qui s'empare de nous. Nous l'avons compris, il ne peut être atteint sans intelligence, sans faire des choix éclairés, sans agir avec prudence. Il est indissociable de la vertu, de l'excellence de l'homme. Il est l'activité de la partie la plus haute de l'âme. Mais d'autres ingrédients le caractérisent encore. Notamment, le bonheur est le fruit d'un partage, il se vit avec les autres : dans la famille, dans la sphère politique, dans la cité qui représente une importance particulière pour Aristote.

Par conséquent, un jeune sauvage, comme Mowgli, ne pourrait prétendre être heureux, principalement du fait qu'il ne peut communiquer avec ses semblables. Il doit acquérir un langage pour échanger et vivre avec eux des situations qui le porteront vers la béatitude. C'est sans doute une des raisons pour lesquelles l'auteur Kipling, dans *Le livre de la jungle*, l'amène à rencontrer d'autres humains. Le bonheur consiste donc à jouer un rôle dans la société, à occuper une place, à aider les autres, à se solidariser avec eux. C'est ce qu'exprime très bien la plus célèbre phrase d'Aristote : « L'homme est par nature un être politique » (1097b10).

Qui plus est, le bonheur du groupe, pour Aristote, est plus important que celui de l'individu (1094b7). L'homme qui ne participe pas aux activités de la communauté est soit une brute qui vit seule dans les bois, soit un dieu capable de vivre en dehors du monde en parfaite complétude. Le bonheur individuel a comme condition la recherche du bien commun, du bien de la cité. C'est seulement au sein du groupe, en participant aux activités du groupe, qu'un individu peut connaître le bonheur. Rappelons que pour les Grecs, l'éthique complète la politique, ce qui signifie que l'individu n'existe que par rapport à l'autre : la sociabilité fabrique l'homme.

Les trois formes d'organisation familiale

Le premier groupe qu'un individu côtoie est la famille, dans laquelle Aristote dénombre trois formes d'organisation, trois types de rapports familiaux. La première réfère à l'autorité et est fondée sur la notion de « bon père de famille » (1134b8) ; il dirige ses enfants comme un bon roi, comme un chef qui agit pour leur bien et cherche leur bonheur. La deuxième forme touche les relations entre les époux qui agissent selon leurs capacités propres. L'homme exerce son pouvoir dans les affaires publiques et la femme dans le domaine du privé (économie, éducation des enfants, etc.). Dans ce genre de « conseil de famille », chacun gère son domaine du mieux possible pour le bien de la famille (1134b16, *Politique* : 1252b2). La troisième forme concerne les relations entre enfants, dans lesquelles c'est l'égalité qui prime : tous ont droit aux mêmes choses et nul ne s'élève au-dessus des autres par ses qualités. Il serait vain de demander au plus vieux de ses garçons de sept ans de garder ses frères de six et de quatre ans. Ils sont presque tous égaux.

Les trois types d'organisation politique

Pour Aristote, la société est une grande famille. Ainsi, aux formes d'organisation familiale correspondent trois types d'organisation politique, chacun se divisant en deux parties, la première bonne, la deuxième viciée : la société dirigée par un seul individu : (royauté – tyrannie), la société dirigée par un petit nombre (aristocratie – oligarchie), la société dirigée par le plus grand nombre (timocratie ou république – démocratie ou démagogie).

Dans la royauté, le rôle du dirigeant est d'assurer la paix sociale, la cohésion de l'ensemble et le bonheur de tous. Un seul citoyen concentre en lui tous les pouvoirs, un peu comme le capitaine sur un bateau ou comme un « bon père de famille », « car la royauté a pour idéal d'être un gouvernement paternel » (1160b25). Lorsqu'il est impossible de trouver un seul individu qui possède toutes ces qualités, mais que quelques citoyens les possèdent en partie, c'est le système aristocratique qui prévaut. Il est composé d'un petit nombre de bonnes personnes, dont aucune ne se démarque des autres. Enfin, le système qui repose sur une pleine égalité de tous les citoyens est le système timocratique[23] ou républicain, dans lequel il est cependant plus difficile de promouvoir des buts communs, puisque n'importe quel citoyen, bon ou mauvais, peut-être choisi pour exercer un pouvoir.

Mais quel serait le meilleur type de gouvernement ? Pour Aristote, qui reconnaît en quelque sorte la diversité de la société (l'existence de différents groupes sociaux ou classes aux intérêts divergents), le meilleur serait une *république mixte*. C'est à dire un gouvernement fondé sur la délibération à plusieurs, dont les représentants proviendraient à la fois du

Jetons en terre cuite servant au tirage au sort des magistratures civiques (v.~450), Musée de l'Agora antique, Athènes.

[23] La timocratie est le gouvernement de ceux qui possèdent de la valeur, de l'honneur, ou des biens. Le timocrate gouverne dans l'intérêt de toutes les classes de la société. Son contraire, le démocrate ou démagogue, ne gouverne que pour promouvoir les intérêts de sa classe.

peuple et des riches, et seraient en partie nommés selon leurs compétences et en partie élus. Cela correspondrait à un juste milieu entre les différentes constitutions de l'époque. L'important est de tenir compte des intérêts de tous les éléments de la société. En ce sens, la classe moyenne est celle qui est la mieux placée pour assurer la stabilité de la cité, éviter la guerre civile, rechercher le bien commun et promouvoir l'amitié.

Mais cette classification se complique. Il existe un côté sombre, avec des formes abâtardies ou déviantes. Ainsi, le contraire du bon roi est le tyran qui ne cherche que son intérêt, et qui, vivant dans le mal, sans pratiquer la vertu, n'a pas d'amis. Le contraire de l'aristocrate, c'est la petite classe d'oligarques qui désirent s'enrichir aux dépens du peuple. Finalement, le contraire du timocrate, c'est le démocrate[24] ou démagogue, qui ne considère que l'intérêt du peuple, sans tenir compte des autres groupes qui composent la société (propriétaires terriens, commerçants, etc.) ou qui manipule le peuple par le mensonge pour obtenir son appui.

Le rôle des responsables de la cité est ainsi d'organiser la vie sociale de manière à permettre à chaque individu de trouver le bonheur. Pour ce faire, ils doivent assurer à chacun le minimum vital. Mais en retour, « il est nécessaire que l'on soit capable d'être utile à la communauté » (HELD 1996 : 184). Évidemment, l'individualisme, au sens moderne, n'avait pas encore pris naissance à son époque.

Les trois formes de justice

On comprendra qu'un principe fondamental doit animer la société et les actions humaines : la justice. Elle est la base et le modèle de toutes les vertus. Elle implique la recherche de l'égalité et de la juste proportion. Elle consiste principalement à suivre les lois, mais le fait de suivre les lois ne rend pas nécessairement un homme juste. Lorsque la loi n'existe pas dans un domaine, l'homme prudent doit rechercher l'*équité*. Par conséquent, l'homme juste fait plus que suivre la loi, il va au delà de ce que la loi exige, il ne se contente pas d'être légaliste ou de n'être que « formellement » juste.

À ce propos, le législateur a un rôle fondamental dans la cité : c'est lui qui donne l'exemple au peuple en étant lui-même vertueux ; c'est lui qui propose des lois pour le mieux-être du groupe et qui les fait appliquer : « Les législateurs rendent les citoyens bons en leur faisant contracter certaines habitudes » (1103b4). Il est donc très difficile d'être vertueux dans une cité ou un pays mal dirigé par des politiciens corrompus.

---

[24] Le sens de ce mot a évolué. Il ne faut pas le comprendre ici dans son acception moderne, mais le rapprocher du terme de « démagogue ».

Comme c'était le cas pour la famille et l'organisation politique, il existe trois formes de justice : la justice distributive, la justice corrective et la justice commutative. La première forme, la justice distributive, consiste à répartir la richesse et les honneurs selon l'apport de chacun à la survie du groupe, selon les besoins de la collectivité, et ce, d'une manière proportionnelle : à chacun selon son mérite. Plus l'individu travaille pour l'intérêt commun et plus il sera récompensé. Cette proportion sera « relative » aux conceptions de la cité et aux types d'organisation sociale : pour les démocrates, la richesse doit être distribuée également aux hommes libres. Pour les oligarques (qui sont riches), la richesse doit être distribuée selon la capacité de dépenser. Pour les aristocrates, elle doit être divisée entre les vertueux, les plus méritants, selon leur capacité à promouvoir le bien commun. Dans tous les cas, « le juste est, par suite, une sorte de proportion » (1131a29).

La justice corrective (punitive, rétributive ou de redressement) vise à punir ceux qui ne contribuent pas au bien commun ou ceux qui en profitent sans mérite. Elle redresse les torts subis par des citoyens, comme le meurtre. Elle détermine les justes peines à imposer aux criminels. Elle punit pour réparer la blessure que le crime a infligée à la communauté. Elle cherche à rétablir l'égalité simple pour que ceux qui s'élèvent au-dessus des autres sans raison, par exemple en volant, soient ramenés à leur place. Elle veut restaurer une égalité arithmétique. C'est le domaine du droit contractuel, répressif ou pénal : « Le juge est un homme qui partage en deux » (1132a24).

Enfin, la justice commutative ou d'échange règlemente les relations commerciales. Elle établit une réciprocité dans les rapports et les contrats entre les citoyens, comme le salaire, le prêt, la vente, etc. Elle cherche à solidifier le fonctionnement de la société en garantissant la proportionnalité des échanges. Elle représente le « ciment de la cité », comme l'amitié que nous verrons par la suite. D'après Aristote, cette forme de justice permet aux hommes de mieux vivre ensemble : « C'est cette réciprocité-là qui fait subsister la cité » (1132b33). La monnaie constitue à ce propos un des meilleurs procédés pour mesurer les échanges, car elle facilite le commerce en éliminant les désavantages du troc, comme l'écrit si bien Marx dans *Le capital* : « Ce qui montre le génie d'Aristote, c'est ce qu'il a découvert dans l'expression de la valeur des marchandises un *rapport d'égalité* » (MARX 1965 : 591).

Mais la loi, aussi bien faite soit-elle, ne peut prévoir tous les cas particuliers. Il faut donc une justice qui évite la rigidité et peut s'adapter aux situations concrètes. L'équité vient en effet tempérer une justice trop draconienne : « L'équitable, tout en étant juste, n'est pas le juste selon la loi, mais un correctif de la justice légale » (1137b12). Par exemple, même en l'absence de loi pour répartir la richesse au niveau international, une personne juste peut modeler sa consommation d'après sa connaissance des marchés et acheter des produits dits « équitables », qui respectent les travailleurs. Comme le dit Aristote : « Tout inégal est contraire à la loi, tandis que tout contraire à la loi n'est pas inégal » (1130b13). Par conséquent, l'homme juste fait plus que suivre la loi, il va au delà de ce que la loi exige. En ce sens, « l'équité [...] est louée en tant qu'elle est encore plus juste que la justice légale » (AGACINSKI 2008 : 20).

Pour terminer sa présentation de la justice, Aristote aborde un sujet controversé, déjà soulevé par Platon et Socrate. Selon lui, il serait préférable de subir une injustice plutôt que de la commettre, la première victime d'une injustice étant celui qui l'exécute, puisque « commettre l'injustice s'accompagne de vice et provoque notre désapprobation » (1138a29). Il s'en suit que nul ne peut se faire justice lui-même[25].

L'AMITIÉ : CE QU'IL Y A DE PLUS NÉCESSAIRE POUR VIVRE

Dans ce contexte où l'homme est un être politique, l'auteur de l'*Éthique* démontre clairement que la société ne saurait n'être qu'un amalgame d'individus réunis par intérêt. Un ciment tient l'édifice ensemble : l'amitié. Elle est l'incarnation de toutes les vertus. Elle seule permet aux hommes de vivre ensemble, en harmonie, et d'avoir des projets communs. Tous la recherchent, les riches comme les pauvres. Elle est bénéfique à tous les âges. Pour Aristote, elle est naturelle puisqu'elle existe même chez les animaux. Finalement, « elle est ce qu'il y a de plus nécessaire pour vivre » (1155a4). Sans amitié, pas de confiance et pas de coopération, pas de grandes réalisations collectives non plus. Aussi bonnes et belles que puissent être les lois de la cité, sans amitié, la vie se dissout et ne vaut plus la peine d'être vécue : « Sans amis personne ne choisirait de vivre, eût-il tous les autres biens » (1555a5).

Les trois sortes d'amitié

Pour Aristote, l'amitié englobe l'ensemble de ce que nous appelons « les relations humaines ». À ce sujet, Nietzsche écrit dans *Le gai savoir* (§ 61)

---

[25] Voir aussi le même thème traité par Platon dans le *Gorgias*, 468e-470c.

que « le sentiment de l'amitié était considéré par l'Antiquité comme le sentiment le plus élevé ». L'amitié, plus rationnelle, est supérieure à l'amour, plus sensuel. En effet, on construit, développe, entretient une amitié ; alors que l'on *tombe* amoureux, on a une *peine* d'amour, l'amour nous *rend aveugle* selon l'adage populaire. En fait, après quelques années, lorsque le coup de foudre s'estompe, les grands projets, les buts à long terme, comme l'éducation des enfants, la construction d'une maison ou l'organisation de grands voyages dominent la relation entre l'homme et la femme. Une relation qui dure quarante années est en fait une grande amitié.

Il existe trois sortes d'amitié. La première, l'amitié utile, celle de la vie de tous les jours, est la plus répandue. Elle est fondée sur les besoins et se rapporte à la première partie de l'âme, l'âme végétative. Elle s'établit lorsque des individus s'attachent, non parce qu'ils s'aiment pour eux-mêmes, mais parce qu'ils retirent un bien de leur relation. Elle implique des services concrets que les « amis » sont censés se procurer et se devoir. Selon Aristote, on retrouve ce type d'amitié surtout chez les personnes âgées (1156a24) qui, ayant plus de besoins et moins de moyens pour les satisfaire, doivent nécessairement s'attacher à ceux qui peuvent leur fournir de l'aide. Cette amitié se forme dans toutes les relations fondées sur un intérêt partagé et ressemble grandement à un contrat : c'est du donnant, donnant. Les « amis » se doivent les biens qu'ils espèrent retirer de leur fréquentation. Par conséquent, leur relation ne durera qu'aussi longtemps que cet intérêt restera vivant et pourra être satisfait. L'amitié utile est donc à la base de toute coopération. Ainsi, même des personnes immorales, voire des malfaiteurs, peuvent vivre ce genre d'amitié, dans le sens où même leurs méfaits nécessitent l'apport d'autres personnes avec lesquelles coopérer. Cette amitié peut être très passagère : elle se construit et se défait au gré des besoins de la vie quotidienne.

Couple allongé. L'amitié agréable ne dure que le temps de l'agrément. Intérieur d'une coupe à figures rouges (v.~500), Yale University Art Gallery, New Haven.

La deuxième forme d'amitié, l'amitié agréable, qui se rapporte à la sphère de l'âme sensitive, est fondée sur le plaisir. Elle se forme lorsque des individus se côtoient pour communiquer et vivre leur joie. On retrouve cette amitié surtout chez les jeunes, car ils ont moins de difficultés que les personnes âgées à éprouver la joie d'être ensemble et à jouir de leur vie. Ils vivent plus facilement sous l'empire de la passion. Cependant, cette amitié, bien que plus stable que celle fondée sur l'utilité, demeure incertaine : dès que les conditions qui sont à l'origine du plaisir partagé disparaissent, l'amitié se dissout. Elle ne dure que tant qu'elle peut fournir le plaisir attendu. Cette amitié prévaut le plus souvent dans les couples amoureux, dans lesquels le plaisir joue évidemment un rôle central, « car une grande part de l'émotion amoureuse relève de la passion et a pour source le plaisir » (1156b1).

La troisième sorte d'amitié, l'amitié vertueuse, se rapporte à l'âme intellective et spéculative. Elle est la plus haute, la plus parfaite et la plus rare, et elle englobe les autres formes d'amitié. Elle n'est possible qu'entre personnes vertueuses : des personnes qui se souhaitent du bien les unes aux autres sans rien attendre en retour. Dans ce type d'amitié, ce n'est plus le besoin, ni le plaisir, mais la reconnaissance de la vraie valeur morale de l'autre qui fonde la relation. On n'aime pas l'autre parce qu'il nous donne des biens ou du plaisir, mais on l'aime pour lui-même : sa valeur intérieure et morale est prisée, sa beauté intérieure est reconnue et ses qualités entrent en résonance avec nos propres idéaux de justice, de beauté, de vérité, de vertu. Cette amitié nous amène à aimer l'autre comme nous-mêmes. C'est ce que nous appelons le « grand amour » (1156b24). Cependant, elle n'est possible qu'entre des personnes ayant atteint un certain degré de développement moral, ne serait-ce que pour pouvoir saisir la valeur intrinsèque de l'autre et vouloir totalement partager ses joies et ses peines. Une fois acquise, cette amitié peut durer toute la vie, à moins que l'un des

Conversation entre trois amis. L'amitié vertueuse dépend du respect que les amis se vouent et de la reconnaissance mutuelle de leur valeur. Cratère attique à figures rouges (v.~460), Musée archéologique régional de Palerme.

amis ne trébuche et se rende coupable d'une trahison irréparable[26]. Et c'est la forme d'amitié qui conduit le plus sûrement au bonheur (1156b7), mais c'est aussi celle qui ne pourra se pratiquer qu'avec un très petit nombre de personnes : celles avec lesquelles on est en mesure de développer une vie et des habitudes communes (1156b20-35). Il y a donc une certaine exclusivité dans ce type d'amitié. De plus, on peut bien vouloir instaurer ce genre d'amitié avec quelqu'un, mais cela prendra du temps, car il faut se donner les moyens de prouver qu'on est digne de confiance.

Ces trois amitiés ne décrivent pas trois espaces cloisonnés de relations. Comme dans la plupart des catégorisations d'Aristote, il faut les comprendre comme une analyse de la réalité humaine, d'un tout que l'on tente de saisir en disséquant ses parties. Ainsi, ces trois amitiés – on devrait dire ces trois aspects de l'amitié – peuvent apparaître dans une même relation : par exemple, un couple peut coopérer pour couvrir les besoins de la famille, éprouver du plaisir ensemble et s'estimer l'un l'autre au point d'aimer l'autre pour ce qu'il est et de s'aimer véritablement et vertueusement. On a beau aimer une personne qui possède une intelligence supérieure, une personne vertueuse, mais si l'on n'a pas de plaisir, si la vie n'est pas agréable avec elle, la relation ne durera pas longtemps. De même, une jeune fille peut aimer un passionné de sciences ou de mathématiques, ou un marginal, mais s'ils n'ont pas de plaisirs communs ensemble, s'ils ne coopèrent pas, cette relation sera vouée à l'échec.

Il existe également d'autres genres d'amitié qui apparaissent comme des préludes à une amitié véritable, à une amitié en action. Par exemple, l'amitié commence généralement par la bienveillance (1166b30). On ressent de la bienveillance lorsqu'on aime une personne qui ne le sait pas ou qui ignore notre intérêt, comme un chanteur populaire ou un politicien. C'est une relation à sens unique, qui peut constituer un point de départ à l'amitié. Bien sûr, si l'on rencontre la personne, objet de notre bienveillance, la relation pourra peut-être se muer en une réelle amitié à mesure que les liens se développeront.

---

[26] Ce n'est en effet pas parce qu'on est vertueux qu'on ne peut pas rétrograder à un état vicieux. Aristote discute d'ailleurs, au Livre IX, de certains changements qui amènent l'amitié à se défaire, comme lorsque l'un des deux amis devient méchant ou meilleur que l'autre. L'amitié n'existe qu'entre personnes égales, c'est pourquoi il est si difficile à un roi ou à un riche d'avoir des amis. Si l'une des deux personnes est supérieure, il faudra que s'établisse une proportionnalité dans les échanges.

Autre type d'amitié d'importance : la concorde. Elle est une amitié sociale que l'on doit pratiquer même avec les gens que nous ne connaissons pas (1167a22). Elle réfère à la politesse, au civisme. La devise de la ville de Montréal, « *Concordia Salus* », montre bien l'actualité de la définition d'Aristote. La devise exprime que les citoyens de Montréal visent le salut, le bonheur, par la concorde, par la bonne entente entre voisins, par la courtoisie au volant, etc. Cette concorde nécessite également que les individus de la cité partagent des objectifs communs : la société n'est donc pas qu'un amalgame d'individus, mais un tout qui met de l'avant des valeurs partagées.

Trouver le bonheur

Le bonheur, la recherche que les Grecs nommaient *eudémonie*[27], repose sur ce qu'il y a de plus élevé en l'homme, la vie de l'esprit. Il est conforme aussi aux vertus intellectuelles comme la prudence qui aide l'homme à vivre en société, à discuter avec les autres et à être responsable. Le bonheur parfait réside dans la vie contemplative ou méditative qui fait appel aux plus hautes capacités de l'humain ; il est basé sur l'autarcie[28] et conduit à l'ataraxie[29]. Il actualise tout l'être de l'homme.

Aristote nous montre que le bonheur se construit. Il n'est pas le fruit du hasard ou causé par les autres. Il faut y travailler chaque jour. Le bonheur dépend de nous ; chacun est responsable de mener sa vie, de l'organiser de manière rationnelle et de se considérer comme le principal artisan de son succès : « L'homme est bien l'auteur de ses propres actions […] comme il l'est de ses enfants » (1113b19). Le bonheur est finalement un état d'esprit, si bien que l'homme heureux ne peut perdre son bonheur parce que de petits incidents se produisent. Même si sa maison brûle, il restera heureux. N'être heureux que par intermittence n'est pas avoir trouvé le vrai bonheur. Il faut donc travailler toute se vie à construire son bonheur. Voilà tout l'enseignement contenu dans cette phrase célèbre d'Aristote : « Une hirondelle ne fait pas le printemps, ni non plus un seul jour ; et, pareillement, la félicité et le bonheur ne sont pas davantage l'œuvre d'une seule journée, ni d'un bref espace de temps » (1098a18).

---

[27] Vient du Grec *eudaimôn* qui veut dire « heureux » ; morale pour qui le but de nos gestes est le bonheur.

[28] Vient des mots grecs *autos*, qui veut dire « soi-même », et *arkein*, qui signifie « suffire » ; sobriété, frugalité, état de se suffire à soi-même.

[29] Vient du Grec *ataraxia*, « absence de trouble » ; tranquillité de l'âme, paix de l'esprit.

Délibération pour trouver la meilleure solution à un problème.

LA RÉSONANCE ACTUELLE DE L'*ÉTHIQUE À NICOMAQUE*

Aristote a touché à tant de sujets qu'il serait impossible de suivre toutes les résonances de sa pensée dans le monde actuel. Nous nous bornerons à parcourir quelques pistes touchant notamment les différences entre les conceptions anciennes et modernes de l'éthique, l'importance de l'amitié dans notre monde actuel, la nécessité de comprendre l'humain pour étudier l'éthique et la politique et, finalement, la très large influence des idées d'Aristote sur les philosophes d'aujourd'hui.

UNE ÉTHIQUE DE LA VIE BONNE ET UNE ÉTHIQUE DU DEVOIR

L'*Éthique à Nicomaque* constitue le premier traité d'éthique de l'histoire de l'humanité. Le suivant en importance est sans doute celui d'Emmanuel Kant, *Fondements de la métaphysique des mœurs*, publié en 1785. Ces deux textes représentent deux pans de la réflexion occidentale sur l'éthique : celui des Anciens et celui des Modernes. Et les deux en proposent une vision fort divergente.

En effet, Anciens et Modernes se démarquent quant à l'objectif recherché par la morale : les premiers s'interrogent sur la meilleure façon d'arriver au bonheur, au bien suprême, et sur les qualités humaines propres à nous mettre sur la voie de sa réalisation, ils proposent une éthique téléologique, dans laquelle l'aspect pratique domine. « Pour les Anciens, l'éthique est supérieure à la morale » (RICŒUR 2007 : 312).

Les Modernes quant à eux adoptent une éthique déontologique. C'est l'aspect théorique qui prévaut pour déterminer « les droits, les devoirs, les obligations auxquels donnent lieu [les] prescriptions de la raison » (RAWLS 2008 : 12), ce qui se traduit par une éthique rigoriste, injonctive, quasi juridique ou légaliste, qui veut objectiver la réflexion morale autour de l'idée de *devoir impératif* – ou catégorique – que tous devraient suivre. Les éthiques modernes valorisent ainsi un grand intellectualisme qui tente de s'abstraire des problèmes particuliers pour s'en tenir au général. On peut voir le résultat de cette approche notamment dans les différentes chartes qui sont apparues avec la modernité : celle des Droits de l'Homme en France ou les Chartes canadienne et québécoise des droits et libertés. Dans cette optique, il s'agit de définir le plus abstraitement possible les lois et les règlements pour qu'ils soient, on l'espère, applicables à toutes les situations et que le peuple connaisse objectivement les règles à suivre, règles interprétées par des juristes savants. Un certain « positivisme » juridique s'est ainsi développé, amenant les juges, particulièrement des plus hautes instances comme la Cour suprême, a devenir des agents de changement. Cette approche que certains qualifient « d'activisme judiciaire » ne laisse que peu de marge de manœuvre pour ajuster notre conduite aux cas particuliers. De plus, elle confère un large pouvoir au système judiciaire et aux spécialistes quand vient le temps de déterminer en quoi devrait consister un comportement éthique. On édicte ainsi des règles fondées sur l'interprétation des droits, chartes et autres obligations procédurales, en dehors de tout débat démocratique, pour déterminer comment agir éthiquement envers tel groupe ou tel autre. Dans le prolongement de cette idée se profile ce que l'on nomme communément les *accommodements raisonnables*, qui sont rationnels, clairs et évidents pour les juges, mais difficiles à comprendre pour le public. Tout individu confronté, dans son travail ou dans la sphère publique, à une question éthique, n'a plus le réflexe de se référer à sa conscience, à l'expérience ou à la loi : dans le monde d'aujourd'hui, le traitement d'une question éthique exige de se tourner vers un spécialiste et de s'en tenir plus à une interprétation rigoureuse du droit qu'à la recherche effective d'un bien. Le droit devient une entité autonome, se développant selon ses propres règles, et qui existe à côté de la société et du peuple. Pour Aristote et les Anciens, la loi devrait procéder de la délibération : il ne s'agit pas d'éclairer le peuple mais de l'écouter. Pour les Modernes, c'est le contenu des obligations qui passe avant la nature de la vie bonne (TAYLOR 1998 : 15).

Un autre résultat de cette approche nous est donné par la codification du droit civil, codification initiée par Napoléon et reprise par nombre d'États dans le monde, dont le Québec. Il s'agit, pour les juristes, de rassembler toutes les règles qui régissent les relations entre les citoyens dans un code unique, capable de généraliser toutes les situations qui peuvent se présenter. L'homme moderne fonde ainsi son comportement moral sur des questions de ce genre : Quel est mon devoir ? Quelles sont mes obligations ? Quels sont mes droits ?

Aristote, quant à lui, nous présente une éthique fondamentalement différente. C'est l'aspect pratique qui importe pour définir le bon comportement. S'il n'y a pas de loi qui prône la justice dans un domaine, c'est à soi-même de déterminer ce que serait un comportement équitable. Et surtout, Aristote pense que l'éthique est à la portée de tous ceux qui veulent penser logiquement et poser un regard impartial sur les faits et le monde qui les entoure. En effet, la morale semble être universelle : tous comprennent que certains gestes sont répréhensibles et que d'autres sont dignes d'éloges, même sans faire des recherches approfondies en éthique.

L'AMITIÉ : LE SENS ÉTHIQUE DE LA VIE COMMUNE

Pour mettre en œuvre une éthique pleinement humaine, Aristote ajoute un ingrédient à la justice, un ingrédient qui la dépasse et l'englobe : l'amitié.

En effet, dans la perspective de la recherche du bonheur, l'humain doit nécessairement établir des liens avec ses semblables pour prospérer et couvrir ses besoins. L'amitié devient ainsi le ciment et le fondement de la vie sociale, qu'elle soit simplement utilitaire ou qu'elle implique également le plaisir ou l'estime la plus profonde. La description que fait Aristote de l'amitié permet de circonscrire et de comprendre toutes les relations humaines.

L'amitié utile est présente dans les relations de service que nous entretenons quotidiennement.

Par exemple, on peut interpréter la division du travail, qui a permis à nos sociétés de décupler la production et de couvrir pratiquement tous les besoins des individus, comme un résultat de l'amitié utile : chacun travaille à répondre à un seul besoin – le maçon fait des murs, le menuisier des meubles, le médecin soigne, le tailleur fait des vêtements – mais doit forcément compter sur le travail des autres membres de la société pour couvrir ses propres besoins en nourriture, en logement, en habillement, etc. Bref, chacun travaille pour les autres et il a besoin des autres pour sa survie. L'amitié utile tisse la grande toile des relations d'échanges dans le monde.

La pratique d'un sport amateur au sein d'une équipe relève aussi de **l'amitié agréable**...

L'amitié agréable, quant à elle, est la source de nombre de relations fondées sur l'appréciation d'une activité, comme dans le cas de groupements qui s'intéressent à un sujet ou à un sport, voire même les groupements qui prônent une idée qui leur tient à cœur, comme les partis politiques.

Mais il y a une amitié plus haute, l'amitié vertueuse, qui supplante, tout en les incorporant, l'utilité et le plaisir. C'est cette amitié qui rejoint en quelque sorte la morale. À ce niveau, l'ami réalise son bonheur en cherchant celui de son ami, pour lequel il s'oublie lui-même. Cette amitié est au fondement de toutes les grandes réalisations et c'est elle qui sous-tend l'action des personnes en qui l'on reconnaît une grandeur d'âme qui les distingue.

Aujourd'hui, on pense souvent qu'il suffit d'investir dans un domaine pour arriver à un but prédéfini. Mais il faut plus que cela : il faut de la compétence, du dévouement, de la vaillance – des qualités qui ne prennent leur force en nous que lorsque le bien des personnes pour qui l'on agit est en vue. C'est moins une question de règles, de directives, qu'une question de respect et de responsabilité : une question d'éthique. Le « chacun pour soi » n'est évidemment pas un ferment de coopération et de grands bénéfices pour la société.

Même certains économistes ont compris que la prospérité n'est pas qu'une affaire de production, de calculs, de droit du travail et d'organisation du marché. Par exemple, l'économiste Francis Fukuyama – bien connu pour son texte annonçant la « fin de l'histoire », la fin des luttes idéologiques – explique, dans *Trust: The Social Virtues and the Creation of Prosperity* (1995), le rôle fondamental des valeurs et de la morale dans toute coopération sociale, notamment dans l'économie. Ce seraient ces valeurs, et principalement la confiance que les individus se vouent les uns aux autres, qui seraient la première source de la prospérité économique, au-delà du cadre légal et structurel dans lequel les entreprises évoluent.

L'amitié vertueuse : avoir à cœur le bien de son prochain. Clinique de santé Palabek Kal, Uganda.

Par conséquent, aussi bonnes et belles que puissent être les lois de la cité, sans amitié, la vie commune perd toute sa richesse. Sans vertu, c'est la désagrégation du corps social qui s'accélère.

UNE SOCIÉTÉ À L'IMAGE DE LA NATURE HUMAINE

Après avoir étudié plusieurs aspects de l'éthique d'Aristote, on comprend mieux le sens des questions fondamentales qu'il se pose : Quelle est la vie bonne ? Quel est le bien suprême ? Quel est le rôle des vertus dans la recherche du bonheur ? Que puis-je faire comme individu pour contribuer au plus grand bonheur du groupe ? C'est en développant sa nature, sa vertu, et en la mettant au service des autres dans son quotidien que l'on peut mener une vie heureuse et enrichissante.

Aristote ne cherche pas à changer l'homme, mais à le connaître pour lui donner une place adéquate au sein de la société. En biologiste averti, il décrit la nature humaine et les caractéristiques qui nous distinguent des animaux et des plantes, voire des dieux, pour ensuite penser la société en fonction de l'humain tel qu'il est. La société devient ainsi le creuset dans lequel l'individu peut s'épanouir et se réaliser. Cette idée s'oppose à bien des conceptions qui ont cours aux temps modernes. Par exemple, l'idée de devoir moral est étrangère à Aristote. Lorsque quelque chose ne va pas

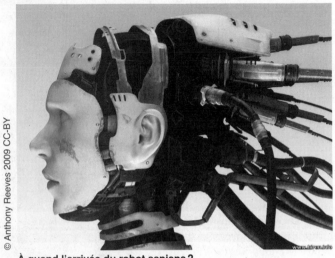

À quand l'arrivée du robot sapiens ?

dans la société, on pense rarement à revenir à la nature humaine pour savoir comment ajuster les institutions sociales. On fait le plus souvent l'inverse : on tente de changer l'humain pour que la société s'en porte mieux. Sur la base de cette méprise, nombre d'appels à l'avènement et à la fabrication d'un « homme nouveau » ont été lancés, qui ont gravement marqué l'histoire de l'Occident. On peut penser aux tentatives communistes de nier le rôle des ambitions individuelles pour créer une société parfaite de gens désintéressés et égaux, ou à la société imaginée par les nazis, une société qui ferait naître l'homme nouveau de la pureté génétique. Actuellement apparaissent de nouvelles utopies à saveur technologique : par la médecine, la médication, des insertions robotiques, certains espèrent pouvoir un jour « parfaire » l'humain et le rendre plus conforme à des objectifs qui, dans les faits, l'éloignent de sa nature, au lieu de façonner la société à son image et de miser sur l'éducation pour faire éclore les vertus qui sont en lui. Lorsqu'un problème social doit être réglé, on pense instinctivement à demander aux citoyens de changer, de revoir leur comportement : on interdit. On ne se pose pas la question de savoir si, ce faisant, on va contre sa nature, si l'on n'évince pas la responsabilité personnelle ; on édicte une règle et l'on pense avoir réglé un problème. La rectitude politique remplace peu à peu l'éthique véritable et responsable, base de la citoyenneté démocratique.

En quelque sorte, Aristote nous invite à nous définir par l'appartenance à un groupe, mais sans rejeter l'individu et sa liberté. Il s'agit d'éviter l'atomisation[30] de la société, le retranchement du citoyen dans un monde égocentré, délimité par les lois et règles sociales qui tiennent les humains en société par un chapelet de droits et d'obligations : une nouvelle vassalité, dans laquelle le rapport avec la communauté devient essentiellement juridique et pénal.

D'une part, cet individualisme pousse les gens à ne tenir compte que de ce qui touche leur monde personnel et à ne pas considérer par exemple l'impact négatif que la consommation à outrance impose à la nature. D'autre part, la société n'est plus conçue comme une fin pour les individus, voire un projet commun, une œuvre à laquelle tous participent : elle devient une entité extérieure qui contraint ou qui confère des droits et des privilèges. On ne se bat dès lors plus pour la justice sociale, mais pour des justices partielles, celle d'un groupe ou d'un autre. C'est une dérive que le philosophe Charles Taylor a bien cernée : « Mais, en affirmant nos droits au point de détruire la société, nous privons tous ceux qui viennent après nous de l'exercice de la même capacité » (Taylor 1997 : 238).

Aristote nous donne ainsi l'espoir que, par une pleine reconnaissance des caractéristiques de la nature humaine, par le développement de nos vertus, nous pourrons réaliser notre bonheur et le plus grand appel de notre humanité : vivre en harmonie avec les autres sans renier notre liberté, nos aspirations personnelles et notre autonomie.

Il nous guide également vers les sentiers du vrai bonheur qui ne se trouve pas dans les choses que l'on acquiert, dans la puissance dont on dispose, mais dans l'élévation de notre esprit et dans les rapports avec autrui fondés sur la reconnaissance mutuelle, le partage d'idéaux communs et le respect.

LA POSTÉRITÉ D'ARISTOTE CHEZ LES PHILOSOPHES ACTUELS

Plusieurs philosophes aujourd'hui se tournent d'ailleurs vers Aristote pour relever les défis éthiques et sociaux de notre temps. Par exemple, pour Paul Ricœur, qui définit l'éthique par le « souhait d'une vie bonne » (Ricœur 1995 : 16), une des tâches actuelles importantes est « la réappropriation de l'*Éthique à Nicomaque* » (Ricœur 1990 : 362). Le philosophe

---

[30] Voir Taylor 1997 : 223-254.

allemand Hans-Georg Gadamer voit dans l'éthique d'Aristote une réponse à l'objectivation du monde issue des méthodes de la science moderne (GADAMER 1996 : 336). Comme nous l'avons déjà souligné, Charles Taylor, dans sa perspective communautariste, est lui-même un grand lecteur du Stagirite, dont il vante les « intuitions fondamentales » (TAYLOR 1997 : 306).

De fait, le monde moderne, même s'il semble s'être dissocié des enseignements des Anciens, reste néanmoins tributaire de l'apport des penseurs de la Grèce antique. Comme le dit Georges Leroux : « La Grèce est donc l'essence historique de l'expérience européenne » (LEROUX 1997 : 147). Selon le philosophe français Jean Brun, « Aristote sera donc considéré comme un philosophe ayant pu fournir [...] des cadres de pensée si puissants qu'il est possible d'affirmer que le sens commun d'aujourd'hui est inconsciemment aristotélicien » (BRUN 1988 : 18). De même, pour l'historien des sciences Alexandre Koyré, « même de nos jours [...] le sens commun est – et a toujours été – médiéval et aristotélicien » (KOYRÉ 1973 : 201). Le manuscrit d'une des œuvres majeures de la philosophie du 20e siècle, *Être et temps* d'Heidegger, avait comme sous-titre *Interprétations phénoménologiques d'Aristote*. Heidegger y écrit : « Celui qui m'a accompagné pendant que je cherchais est le jeune Luther, et Aristote, qu'il détestait, était mon modèle » (ARJAKOVSKY 2007 : 7). Toutefois, tous ne partagent pas cet enthousiasme. C'est le cas de Simone de Beauvoir qui « a avoué sans pudeur : 'Aristote nous assommait' » (BODÉÜS 2004 : 5).

Finalement, Pierre Aubenque résume le mieux l'influence fondamentale d'Aristote : « Un aristotélisme diffus pénètre, à travers la logique et la grammaire dites 'classiques', des formes de pensées et d'expression qui paraissaient il y a peu encore connaturelles à l'esprit humain » (AUBENQUE 1968 : 405). Le mot « connaturel » est très fort, mais peut-on dire qu'il est à l'image de celui que Dante appelait le « maître de ceux qui savent ».

PISTES DE RÉFLEXION

1. L'éthique est-t-elle une science exacte? Développez.

2. Selon vous, à quel point les biens extérieurs comme la santé et l'argent sont-ils nécessaires pour parvenir au bonheur?

3. Comment s'appliquerait la règle aristotélicienne du juste milieu aujourd'hui? Donnez des exemples concrets tirés de votre expérience personnelle.

4. À votre avis, est-on responsable si:

   a) on commet un crime sous l'emprise de la passion?

   b) on ne se représente pas les conséquences de ses actions (un consommateur, par exemple, qui achète le produit le plus polluant)?

5. Connaître le bien rend-il nécessairement apte à le faire et à le vivre?

6. Quelle est la différence entre être juste et être équitable?

7. Quel rôle la prudence joue-t-elle dans l'atteinte du bonheur?

8. Expliquez en quoi l'éthique d'Aristote est une éthique plus pratique que théorique.

9. Aristote attribue plus d'importance aux valeurs collectives, au bien commun, aux devoirs, à la politique, plutôt qu'aux valeurs individuelles, au bien privé de l'individu, aux droits de la personne. Qu'en pensez-vous?

10. L'être humain peut-il être heureux seul?

11. Le bonheur peut-il se concevoir sans considération pour la politique?

12. Quelle est l'importance du plaisir dans l'atteinte du bonheur? Peut-on être heureux sans plaisir?

13. Pourquoi Aristote pense-t-il que l'homme devrait essayer de vivre comme les dieux? En quoi cela consisterait-il aujourd'hui?

14. Selon vous, est-ce que l'amour conjugal et l'amitié vertueuse se confondent?

15. Comment pourriez-vous suivre les conseils d'Aristote pour arriver au bonheur aujourd'hui?

16. Pourquoi n'existe-t-il pas de définition idéale du bonheur applicable à tous les humains?

17. Est-ce que l'homme moderne, hyperactif et très occupé à consommer, peut encore avoir des amis?

18. Êtes vous d'accord pour dire qu'idéalement un étudiant ne devrait pas avoir à travailler pour vivre pendant son année scolaire?

ÉTHIQUE À NICOMAQUE [31]
(*Extraits choisis*)

Page d'ouverture du premier livre de l'*Éthique à Nicomaque*, version grecque et latine, publié à Bâle en 1556.

---

[31] Le texte original d'Aristote ne comporte pas de titres et de sous-titres. Nous les avons ajoutés (sous-titres en gras italique au début des paragraphes visés) pour mieux faire ressortir l'organisation de l'œuvre. Par ailleurs, les doublets, fréquents dans ce texte, ont été retirés.

LIVRE I
LE PLUS GRAND BIEN : LE BONHEUR

CHAPITRE 1

Le but de l'action des humains : rechercher le bien – (**1094a1**)[32] Tout art et toute investigation, comme toute action et tout choix, tendent vers quelque bien à ce qu'il semble. Aussi a-t-on affirmé avec raison que le bien est ce à quoi toutes choses tendent. Mais, en réalité, on observe une certaine différence entre les fins : les unes consistent en des activités, et les autres en certaines œuvres, distinctes des activités elles-mêmes. Dans les cas où existent certaines fins distinctes des actions, les œuvres sont par nature supérieures aux activités qui les produisent.

(**1094a6**) Or, comme il y a multiplicité d'actions, d'arts et de sciences, leurs fins aussi sont multiples : ainsi, l'art médical a pour fin la santé, l'art de construire des vaisseaux le navire, l'art stratégique la victoire, et l'art économique la richesse. Mais, dans tous les arts de ce genre qui relèvent d'une unique potentialité (de même, en effet, que sous l'art hippique tombent l'art de fabriquer des freins et tous les autres métiers concernant le harnachement des chevaux, et que l'art hippique lui-même et toute action se rapportant à la guerre tombent à leur tour sous l'art stratégique, c'est de la même façon que d'autres arts sont subordonnés à d'autres), dans tous ces cas, disons-nous, les fins des arts architectoniques doivent être préférées à toutes celles des arts subordonnés, puisque c'est en vue des premières fins qu'on poursuit les autres. Peu importe, du reste, que les activités elles-mêmes soient les fins des actions ou que, à part ces activités, il y ait quelque autre chose, comme dans le cas des sciences dont nous avons parlé.

(**1094a20**) Par conséquent, s'il y a, dans nos activités, quelque fin que nous souhaitons par elle-même, et les autres seulement à cause d'elle, et si nous ne choisissons pas indéfiniment une chose en vue d'une autre (car on procéderait ainsi à l'infini, de sorte que le désir serait futile et vain), il est clair que cette fin-là ne saurait être que le bien, le bien suprême.

Quel est le plus grand bien ? Le bien de la cité est supérieur au bien de l'individu – (**1094a22**) En conséquence, n'est-il pas vrai que, pour la conduite de la vie, la connaissance de ce bien est d'un grand poids et que, comme des archers qui ont une cible sous les yeux, nous pourrons plus facilement atteindre le but qui convient [en le visant] ? S'il en est ainsi, nous

---

[32] Chaque paragraphe est identifié selon la numérotation de Bekker. Nous mentionnons également les débuts de colonnes *a* et *b* en gras.

devons essayer d'embrasser, tout au moins dans ses grandes lignes, la nature du bien suprême, et de dire de quelle science particulière ou de quelle potentialité il relève. On sera d'avis qu'il dépend de la science suprême et architectonique par excellence. Or, une telle science est manifestement la politique, car c'est elle qui détermine quelles sont parmi les sciences celles qui sont nécessaires dans les cités, et quelles sortes de sciences chaque classe de citoyens doit apprendre, et (**1094b1**) jusqu'à quel point son étude sera poussée ; et nous voyons encore que même les potentialités les plus appréciées sont subordonnées à la politique, par exemple la stratégie, l'économie, la rhétorique. Et, puisque la politique se sert des autres sciences pratiques et qu'en outre elle légifère sur ce qu'il faut faire et sur ce dont il faut s'abstenir, la fin de cette science englobera les fins des autres sciences ; d'où il résulte que la fin de la politique sera le bien proprement humain. Même si, en effet, il y a identité entre le bien de l'individu et celui de la cité, de toute façon c'est une tâche manifestement plus importante et plus parfaite d'appréhender et de sauvegarder le bien de la cité : car le bien est assurément aimable même pour un individu isolé, mais il est plus beau et plus divin appliqué à une nation ou à des cités. Voilà donc les buts de notre enquête, qui constitue une forme de politique.

Le degré de rigueur en morale n'est pas le même qu'en mathématiques – (1094b12) Nous aurons suffisamment rempli notre tâche si nous donnons les éclaircissements que comporte la nature du sujet que nous traitons. C'est qu'en effet on ne doit pas chercher la même rigueur dans toutes les discussions indifféremment, pas plus qu'on ne l'exige dans les productions de l'art. Les choses belles et les choses justes, qui sont l'objet de la politique, donnent lieu à de telles divergences et à de telles incertitudes qu'on a pu croire qu'elles existaient seulement par convention et non par nature. Une telle incertitude se présente aussi dans le cas des biens de la vie, en raison des dommages qui en découlent souvent : de fait, on a vu des gens périr par leur richesse et d'autres périr par leur courage. On doit donc se contenter, en traitant de tels sujets et partant de tels principes, de montrer la vérité d'une façon grossière et approchée ; et quand on parle de choses simplement constantes et qu'on part de principes également constants, on ne peut aboutir qu'à des conclusions du même genre.

Il est important d'être tolérant en morale – (1094b23) C'est donc dans le même esprit que devront être accueillies les diverses vues que nous émettons. Car il convient à un homme cultivé de ne chercher la rigueur pour chaque genre de choses que dans la mesure où la nature du sujet l'admet : il est évidemment à peu près aussi absurde d'accepter d'un mathématicien des raisonnements probables que d'exiger d'un rhéteur des démonstrations proprement dites. D'autre part, chacun juge correctement de ce qu'il connaît ; (**1095a1**) et en ce domaine il est bon juge. Conséquemment, dans un domaine déterminé, celui juge bien qui a reçu une éducation appropriée, tandis que, dans une matière excluant toute spécialisation, le bon juge est celui qui a reçu une culture générale.

Les jeunes s'intéressent peu à la politique – (1095a3) Aussi, le jeune homme n'est pas un auditeur bien propre à des leçons de politique, car il n'a aucune expérience des choses de la vie, qui sont pourtant le point de départ et l'objet des raisonnements de cette science. De plus, étant enclin à suivre ses passions, il ne retirera de cette étude rien d'utile ni de profitable, puisque la politique a pour fin non pas la connaissance mais l'action. Peu importe, du reste, qu'on soit jeune par l'âge ou jeune par le caractère ; l'insuffisance à cet égard n'est pas une question de temps, mais elle est due au fait qu'on vit au gré de ses passions et qu'on s'élance à la poursuite de tout ce qu'on voit. Pour des écervelés de cette sorte, la connaissance ne sert à rien, pas plus que pour les intempérants ; au contraire, pour ceux dont les désirs et les actes sont conformes à la raison, le savoir en ces matières sera pour eux d'un grand profit.

(1095a12) En ce qui regarde l'auditeur ainsi que la manière dont notre enseignement doit être reçu et l'objet que nous nous proposons de traiter, tous ces propos doivent constituer une introduction suffisante.

CHAPITRE 2

Le bonheur et ses définitions – (1095a14) Maintenant, reprenons la question. Puisque toute connaissance, tout choix délibéré aspire à quelque bien, voyons quel est, selon nous, le bien que vise la politique, autrement dit quel est de tous les biens réalisables celui qui est le bien suprême. Sur son nom, en tout cas, la plupart des hommes sont pratiquement d'accord : c'est le bonheur au dire des gens du peuple aussi bien que des gens cultivés. Tous assimilent le fait de bien vivre et de réussir au fait d'être heureux. Par contre, en ce qui concerne la nature du bonheur, on ne s'entend plus, et les réponses de la foule ne ressemblent pas à celles des sages. Les uns, en effet, identifient le bonheur à quelque chose d'apparent et de visible, comme le plaisir, la richesse ou l'honneur. Pour les uns, c'est une chose, et pour les autres une autre chose. Souvent le même homme change d'avis à son sujet : malade, il place le bonheur dans la santé, et pauvre, dans la richesse. À d'autres moments, quand on a conscience de sa propre ignorance, on admire ceux qui tiennent des discours élevés et hors de notre portée. Certains, enfin, pensent qu'en dehors de tous ces biens multiples il y a un autre bien qui existe par soi et qui est pour tous ces biens-là cause de leur bonté. Passer en revue la totalité de ces opinions est sans doute assez vain ; il suffit de s'arrêter à celles qui sont le plus répandues ou qui paraissent avoir quelque fondement rationnel.

L'induction (ou partir des faits connus de nous) et la déduction de Platon (ou partir des principes) – (1095a30) N'oublions pas la différence qu'il y a entre les raisonnements qui partent des principes et ceux qui remontent aux principes. En effet, c'est à juste titre que Platon se posait la question et qu'il recherchait si la marche à suivre est de partir des principes ou de remonter aux principes, (**1095b1**) tout comme dans le stade les coureurs vont des athlothètes à la borne, ou inversement. Il faut, en effet, partir des choses connues ; et une chose est dite connue en deux sens, soit pour nous, soit d'une manière absolue. Sans doute devons-nous partir des choses qui sont connues pour nous.

L'importance des bonnes habitudes – (1095b4) Voilà pourquoi il faut avoir été élevé dans des mœurs honnêtes, quand on se dispose à écouter avec profit un enseignement portant sur l'honnête, le juste et, d'une façon générale, sur tout ce qui a trait à la politique (car ici le point de départ est le fait, et si le fait était suffisamment clair, nous serions dispensés de connaître en sus le pourquoi). Or, l'auditeur tel que nous le caractérisons, ou bien est déjà en possession des principes, ou bien est capable de les recevoir facilement.

CHAPITRE 3

Les trois genres de vie ou modes d'existence qui définissent le bonheur – (1095b14) Nous revenons au point d'où nous nous sommes écartés. Les hommes – il ne faut pas s'en étonner – paraissent concevoir le bien et le bonheur d'après la vie qu'ils mènent.

- *Le plaisir* – (1095b16) La foule et les gens les plus grossiers disent que c'est le plaisir. Voilà pourquoi ils ont une préférence pour la vie de jouissance. En fait, il y a trois principaux types : celle dont nous venons de parler, la vie politique et, en troisième lieu, la vie contemplative. – La foule se montre véritablement d'une bassesse d'esclave en optant pour une vie bestiale, mais elle trouve son excuse dans le fait que beaucoup de ceux qui appartiennent à la classe dirigeante ont les mêmes goûts qu'un Sardanapale.
- *Les honneurs* – (1095b23) Les gens cultivés et ceux qui aiment la vie active préfèrent l'honneur qui est, à tout prendre, la fin de la vie

politique. Mais l'honneur apparaît comme une chose trop superficielle pour être l'objet cherché, car, de l'avis général, il dépend plutôt de ceux qui honorent que de celui qui est honoré. Or, nous savons d'instinct que le bien est quelque chose de personnel à chacun et qu'on peut difficilement nous ravir. Il semble bien d'ailleurs que l'on poursuit l'honneur en vue seulement de se persuader de son propre mérite. En tout cas, on cherche à être honoré par les hommes sensés et auprès de ceux dont on est connu, et on veut l'être pour son excellence. Dans ces conditions, c'est clair que, tout au moins aux yeux de ceux qui agissent de cette façon, la vertu l'emporte sur l'honneur. Peut-être pourrait-on aussi supposer que c'est la vertu plutôt que l'honneur qui est la fin de la vie politique. Mais la vertu apparaît bien, elle aussi, insuffisante ; car il peut arriver, semble-t-il, que tout en possédant la vertu on passe sa vie entière à dormir ou à ne rien faire, voire à supporter les plus grands maux et les pires infortunes. (**1096a1**) Or, nul ne saurait déclarer heureux l'homme qui vit ainsi, à moins de vouloir maintenir à tout prix une thèse. Mais nous en avons assez dit à ce sujet (il a été suffisamment traité, même dans les discussions courantes).

■ *La vie contemplative* – (1096a3) Le troisième genre de vie, c'est la vie contemplative, dont nous entreprendrons l'examen par la suite[33].

L'argent – (1096a6) Quant à la vie de l'homme d'affaires, c'est une vie de contrainte, et la richesse n'est évidemment pas le bien que nous cherchons : c'est seulement une chose utile, un moyen en vue d'une autre chose. Par conséquent, il vaudrait encore mieux prendre pour fins celles dont nous avons parlé précédemment, puisqu'elles sont aimées pour elles-mêmes. Mais il est évident que ce ne sont pas non plus ces fins-là, en dépit de nombreux arguments qu'on a répandus en leur faveur.

CHAPITRE 4

Aristote s'oppose à la définition d'un bien en soi éternel prôné par Platon – (1096a11) Laissons tout cela. Il vaut mieux sans doute considérer le bien pris en général et instituer une discussion sur ce qu'on entend par là, bien qu'une telle recherche soit rendue difficile du fait que ce sont des amis qui ont introduit la doctrine des Idées. Mais, on admettra peut-être qu'il est préférable – et c'est aussi pour nous une obligation, si nous voulons du moins sauvegarder la vérité – de sacrifier même nos sentiments personnels, surtout quand on est philosophe : vérité et amitié nous sont chères l'une et l'autre, mais c'est pour nous un devoir sacré d'accorder la

---

[33] 1176a4 à 1179b29.

préférence à la vérité. Ceux qui ont avancé l'opinion dont nous parlons ne constituaient pas d'Idées des choses dans lesquelles ils admettaient de l'antérieur et du postérieur (et c'est la raison pour laquelle ils n'établissaient pas non plus d'Idée des nombres). Or, le bien s'affirme tant dans l'essence et dans la qualité que dans la relation ; mais ce qui est en soi, la substance, possède une antériorité naturelle à la relation (laquelle est semblable à un rejeton et à un accident de l'Être). Il en résulte qu'il ne saurait y avoir quelque Idée commune pour ces choses-là.

(1096a24) En outre, puisque le bien s'affirme d'autant de façons que l'Être (car il se dit dans la substance, par exemple Dieu et l'intellect ; dans la qualité, comme les vertus ; dans la quantité, comme la juste mesure ; dans la relation, comme l'utile ; dans le temps, comme l'occasion ; dans le lieu, comme l'habitat ; et ainsi de suite), il est évident qu'il ne saurait être quelque chose de commun, de général et d'un ; car, s'il l'était, il ne s'affirmerait pas de toutes les catégories mais d'une seule.

(1096a29) De plus, puisqu'il n'y a aussi qu'une seule science des choses tombant sous une seule Idée, de même il ne devrait y avoir qu'une science unique de tous les biens sans exception. Mais, en réalité, les biens sont l'objet d'une multiplicité de sciences, même ceux qui tombent sous une seule catégorie : ainsi pour l'occasion, dans la guerre il y a la stratégie ; dans la maladie, la médecine ; pour la juste mesure dans l'alimentation, c'est la médecine ; et dans les exercices fatigants, c'est la gymnastique.

(1096a34) On pourrait encore se demander ce qu'en fin de compte les platoniciens veulent dire par la *chose en soi*, s'il est vrai que l'Homme en soi (**1096b1**) et l'homme répondent à une seule et même définition, à savoir celle de l'homme, car en tant qu'il s'agit de la notion d'homme, il n'y aura aucune différence entre les deux cas. Mais, si cela est vrai, il faudra en dire autant du bien. Pourtant, ce n'est pas non plus parce qu'on l'aura rendu éternel que le bien en soi sera davantage un bien, puisqu'une blancheur de longue durée n'est pas plus blanche qu'une blancheur éphémère. À cet égard les pythagoriciens donnent l'impression de parler du bien d'une façon plus plausible en posant l'Un dans la colonne des biens, et c'est d'ailleurs eux que Speusippe semble avoir suivis. Mais tous ces points doivent faire l'objet d'une autre discussion.

Biens essentiels et biens secondaires – (1096b9) Quant à ce que nous avons dit ci-dessus, une incertitude se laisse entrevoir du fait que les platoniciens n'ont pas visé dans leurs paroles tous les biens, mais que seuls les biens qui sont poursuivis et aimés pour eux-mêmes dépendent d'une Idée unique, tandis que les biens qui assurent la production des premiers ou leur conservation d'une façon ou d'une autre, ou encore qui empêchent l'action de leurs contraires, ne sont appelés des biens qu'à cause des premiers, et dans un sens secondaire. Évidemment alors, les biens seraient entendus en un double sens : d'une part, les choses qui sont des biens par elles-mêmes, et, d'autre part, celles qui ne sont des biens qu'en raison des précédentes. Ayant donc séparé les biens par eux-mêmes des biens simplement utiles, examinons si ces biens par soi sont appelés biens par référence à une Idée unique. Quelles sont les sortes de choses que nous devrons établir comme des biens en soi ? Est-ce celles qu'on poursuit même isolées de tout le reste, comme la prudence, la vision, certains plaisirs et certains honneurs ? Ces biens-là, en effet, même si nous les poursuivons en vue d'une autre chose, on n'en doit pas moins les placer dans la classe des biens en soi. Ou bien est-ce qu'il n'y a aucun autre bien en soi que l'Idée du bien ? Il en résultera, dans ce cas, que la forme du bien sera quelque chose de vide. Au contraire, si on veut que les choses désignées plus haut fassent aussi partie des biens en soi, il faudra que la notion du bien en soi se montre comme quelque chose d'identique en elles toutes, comme dans la neige et la céruse se retrouve la notion de la blancheur. Mais l'honneur, la prudence et le plaisir ont des définitions distinctes, qui diffèrent précisément sous le rapport de la bonté elle-même. Le bien n'est donc pas quelque élément commun dépendant d'une Idée unique.

Le bien idéal est impossible à définir – (1096b26) Mais alors, en quel sens les biens sont-ils appelés du nom de *bien*. Il ne semble pas, en tout cas, qu'on ait affaire à des homonymes accidentels. L'homonymie provient-elle donc de ce que tous les biens dérivent d'un seul bien ou de ce qu'ils concourent tous à un seul bien ? Ne s'agirait-il pas plutôt d'une unité d'analogie : ainsi, ce que la vue est au corps, l'intellect l'est à l'âme, et de même pour d'autres analogies ? Mais, sans doute, faut-il laisser ces questions de côté pour le moment, car leur examen détaillé serait plus approprié à une autre branche de la philosophie. Ce qui a trait à l'Idée doit être écarté pour la même raison. En admettant même, en effet, qu'il y ait un seul bien comme prédicat commun à tous les biens, ou possédant l'existence séparée et par soi, il est évident qu'il ne serait ni praticable, ni accessible à l'homme, tandis que le bien que nous cherchons présentement est quelque chose qui soit à notre portée. On pourrait peut-être croire qu'il est néanmoins préférable de connaître le bien en soi, (**1097a1**) en vue de ces biens qui sont pour nous accessibles et réalisables : ayant ainsi comme un modèle sous les yeux, nous connaîtrons plus facilement, dira-t-on, les biens qui sont à notre portée, et si nous les connaissons, nous les atteindrons. Cet argument n'est pas sans quelque apparence de raison, mais il semble en désaccord avec la façon dont procèdent les sciences. Si, en effet, toutes les sciences tendent à quelque bien et cherchent à combler ce qui les en sépare encore, elles laissent de côté la connaissance du bien en soi. Pourtant, que tous les gens de métier ignorent un secours d'une telle importance et ne cherchent même pas à l'acquérir, voilà qui n'est guère vraisemblable ! On se demande aussi quel avantage un tisserand ou un charpentier retirera pour son art de la connaissance de ce bien en soi, ou comment sera meilleur médecin ou meilleur général celui qui aura contemplé l'idée en elle-même. Il est manifeste que ce n'est pas de cette façon-là que le médecin observe la santé, mais c'est la santé de l'être humain qu'il observe, ou même plutôt sans doute la santé de tel homme déterminé, car c'est l'individu qui fait l'objet de ses soins.

CHAPITRE 5

Il faut mettre fin à une discussion sans fin et revenir à l'essentiel, au concret – (1097a5) Tous ces points ont été suffisamment traités. Revenons encore une fois sur le bien qui fait l'objet de nos recherches et demandons-nous ce qu'enfin il peut être. En effet, le bien nous apparaît comme une chose dans telle action ou tel art, et comme une autre chose dans telle autre action ou tel autre art ; il est autre en médecine qu'il n'est en stratégie, et ainsi de suite pour le reste des arts. Quel est donc le bien dans chacun de ces cas ? N'est-ce pas la fin en vue de quoi tout le reste est effectué ? En médecine, c'est la santé, en stratégie, la victoire, dans l'art de bâtir, une maison, dans un autre art, c'est une autre chose ; mais dans toute action comme dans tout choix, le bien est la fin, car c'est en vue de cette fin qu'on accomplit toujours le reste. Par conséquent, s'il y a une chose qui soit la fin de tous nos actes, c'est cette chose-là qui sera le bien réalisable – et s'il y a plusieurs choses, ce seront ces choses-là.

(1097a24) Nous voyons donc que par un cours différent, l'argument conduit au même résultat qu'auparavant. Mais ce que nous disons là, nous devons essayer de le rendre encore plus clair.

Quel est le bien suprême ? – (1097a26) Puisque les fins sont manifestement multiples, et nous choisissons certaines d'entre elles (par exemple la richesse, les flûtes et en général les instruments) en vue d'autres choses, il est clair que ce ne sont pas là des fins parfaites, alors que le bien suprême est, de toute évidence, quelque chose de parfait. Il en résulte que s'il y a une seule chose qui soit une fin parfaite, elle sera le bien que nous cherchons, et s'il y en a plusieurs, ce sera la plus parfaite d'entre elles.

Or, ce qui est digne d'être poursuivi par soi-même, nous le nommons plus parfait que ce qui est poursuivi pour une autre chose ; et ce qui n'est jamais désirable en vue d'une autre chose, nous le déclarons plus parfait que les choses qui sont désirables à la fois par elles-mêmes et pour cette autre chose ; enfin, nous appelons parfait – au sens absolu – ce qui est toujours désirable en soi-même et ne l'est jamais en vue d'une autre chose.

Le bonheur constitue le but ultime – **(1097b1)** Or, le bonheur semble être au suprême degré une fin de ce genre, car nous le choisissons toujours pour lui-même et jamais en vue d'une autre chose ; au contraire, l'honneur, le plaisir, l'intelligence ou toute vertu quelconque sont des biens que nous choisissons sûrement pour eux-mêmes (puisque, même si aucun avantage n'en découlait pour nous, nous les choisirions encore), mais nous les choisissons aussi en vue du bonheur, car c'est par leur intermédiaire que nous pensons devenir heureux. Par contre, le bonheur n'est jamais choisi en vue de ces biens, ni d'une manière générale en vue d'autre chose que lui-même.

Le bien parfait se suffit à lui-même – (1097b8) On peut se rendre compte encore qu'en partant de la notion de suffisance on arrive à la même conclusion. Le bien parfait semble, en effet, se suffire à lui-même. Et par ce qui se suffit à soi-même, nous entendons non pas ce qui suffit à un seul homme menant une vie solitaire, mais aussi à ses parents, ses enfants, sa femme, ses amis et ses concitoyens en général, puisque l'homme est par nature un être politique. Mais, à cette énumération il faut mettre quelque limite, car si on l'étend aux grands-parents, aux descendants et aux amis de nos amis, on ira à l'infini. Mais nous devons réserver cet examen pour une autre occasion. En ce qui concerne le fait de se suffire à soi-même, voici quelle est notre position : c'est ce qui, pris à part de tout le reste, rend la vie désirable et n'a besoin de rien d'autre. Or, tel est, nous semble-t-il, le caractère du bonheur. Nous ajouterons que le bonheur est aussi la chose la plus désirable de toutes, même s'il ne se trouve pas au nombre des biens, puisque, s'il en faisait partie, il est clair qu'il serait encore plus désirable par l'addition fût-ce du plus infime des biens – en effet, cette addition produit une somme de biens plus élevée et, de deux biens, le plus grand est toujours le plus désirable. On voit donc que le bonheur est quelque chose de parfait qui se suffit à soi-même ; et il est la fin de nos actions.

CHAPITRE 6

La nature du bien suprême – (1097b22) Mais l'identification du bonheur et du bien suprême apparaît sans doute comme une chose sur laquelle tout le monde est d'accord ; ce qu'on désire encore, c'est que nous disions plus clairement quelle est la nature du bonheur. On y arriverait peut-être, si on déterminait la fonction de l'homme.

Qu'est ce qui caractérise l'humain ? – (1097b25) De même, en effet, que dans le cas d'un joueur de flûte, d'un statuaire ou d'un artiste quelconque, et en général pour tous ceux qui ont une fonction ou une activité déterminée, c'est dans la fonction que réside, selon l'opinion commune, le bien, le « réussi », on peut penser qu'il en est ainsi pour l'homme, s'il est vrai qu'il y ait une certaine fonction spéciale à l'homme. Serait-il possible qu'un charpentier ou un cordonnier aient une fonction et une activité à exercer, mais que l'homme n'en ait aucune et que la nature l'ait dispensé de toute œuvre à accomplir ? Ou bien encore, de même qu'un œil, une main, un pied et, d'une manière générale, chaque partie d'un corps a manifestement une certaine fonction à remplir, ne doit-on pas admettre que l'homme a, lui aussi, en dehors de toutes ces activités particulières, une fonction déterminée ? Mais alors en quoi peut-elle consister ? Le simple fait de vivre est, de toute évidence, une chose que l'homme partage en commun même avec les végétaux ; or, ce que nous recherchons, c'est ce qui est propre à l'homme. (**1098a1**) Nous devons donc laisser de côté la vie de nutrition et la vie de croissance. Ensuite viendrait la vie sensitive ; mais celle-là encore apparaît commune avec le cheval, le bœuf et tous les animaux. Il reste enfin une certaine vie pratique de la partie rationnelle de l'âme – partie qui peut être envisagée, d'une part, au sens où elle est soumise à la raison, et, d'autre part, au sens où elle possède la raison et l'exercice de la pensée.

Ce sont les activités de l'âme qui constituent l'essentiel de l'homme – (1098a7) L'expression vie rationnelle étant ainsi prise en un double sens, nous devons établir qu'il s'agit ici de la vie selon le point de vue de l'exercice, car c'est cette vie-là qui paraît bien donner au terme son sens le plus plein. Or, s'il y a une fonction de l'homme consistant dans une activité de l'âme conforme à la raison ou qui n'existe pas sans la raison, et si nous disons que cette fonction est génériquement la même chez un individu quelconque et chez un individu de mérite (ainsi chez un cithariste et chez un bon cithariste, et ceci est vrai d'une manière absolue dans tous les cas), l'excellence due au mérite s'ajoutant à la fonction (car la fonction du cithariste est de jouer de la cithare, et celle du bon cithariste d'en bien jouer), si cela est vrai ; maintenant, si nous supposons que la fonction de l'homme consiste dans un certain genre de vie – c'est-à-dire dans une activité de l'âme et dans des actions accompagnées de raison –, si la fonction d'un homme vertueux est d'accomplir cette tâche, et de l'accomplir bien et avec succès, chaque chose au surplus étant bien accomplie quand elle l'est selon l'excellence qui lui est propre, dans ces conditions, c'est donc que le bien pour l'homme consiste en une activité de l'âme en accord avec la vertu et, au cas de pluralité de vertus, en accord avec la plus excellente et la plus parfaite d'entre elles.

Ces activités de l'âme exigent une vie accomplie – (1098a18) Mais il faut ajouter « et cela dans une vie accomplie jusqu'à son terme », car une hirondelle ne fait pas le printemps, ni non plus un seul jour : et, pareillement, la félicité et le bonheur ne sont pas davantage l'œuvre d'une seule journée, ni d'un bref espace de temps.

CHAPITRE 7

(1098a21) Voilà donc le bien décrit dans ses grandes lignes (car nous devons sans doute commencer par une simple ébauche et ce n'est qu'ensuite que nous mettrons les détails). On peut penser que n'importe qui est capable de poursuivre et d'achever dans le détail ce qui a déjà été esquissé avec soin ; et, en ce genre de travail, le temps est un facteur de découverte, ou du moins un auxiliaire précieux : cela même est devenu pour les arts une source de progrès, puisque tout homme peut ajouter à ce qui a été laissé incomplet.

Il faut partir des faits : l'induction – (1098a26) Mais nous devons aussi nous souvenir de ce que nous avons dit auparavant[34] et ne pas chercher une égale précision en toutes choses, mais, au contraire, en chaque cas particulier tendre à la précision que comporte la matière traitée, et seulement dans une mesure appropriée à notre investigation. En effet, un charpentier et un géomètre font bien porter leur recherche l'un et l'autre sur l'angle droit, mais c'est de façon différente. Le premier veut seulement un angle qui lui serve pour son travail, tandis que le second cherche l'essence de l'angle droit ou ses propriétés, car le géomètre est un contemplateur de la vérité. C'est de la même façon, dès lors, qu'il nous faut procéder pour tout le reste, afin d'éviter que dans nos travaux les à-côtés ne l'emportent sur le principal. **(1098b1)** On ne doit pas non plus exiger la cause en toutes choses sans distinction : dans certains cas, il suffit que le fait soit clairement dégagé, comme par exemple en ce qui concerne les principes : le fait vient en premier, c'est un point de départ. Puis, parmi les principes, les uns sont appréhendés par l'induction, d'autres par la sensation, et d'autres encore par une sorte d'habitude, les différents principes étant ainsi connus de différentes façons ; et nous devons essayer d'aller à la recherche de chacun d'eux d'une manière appropriée à sa nature, et avoir

[34] en 1094b23.

soin de les déterminer avec précision, car ils sont d'un grand poids pour ce qui vient à leur suite. On admet généralement, en effet, que le commencement est plus que la moitié du tout et qu'il permet d'élucider nombre de questions parmi celles que nous nous posons.

CHAPITRE 8

Les trois classes de biens – (1098b9) Toutefois, il nous faut examiner le principe non seulement à la lumière de la conclusion et des prémisses de notre raisonnement, mais encore en tenant compte de ce qu'on en dit communément, car, de fait, toutes les données s'harmonisent avec un principe vrai, alors qu'avec un principe faux la réalité est vite en désaccord.

(1098b12) On a divisé les biens en trois classes : les uns sont dits biens extérieurs, les autres sont ceux qui se rapportent à l'âme ou au corps, et les biens ayant rapport à l'âme, nous les appelons biens au sens strict et par excellence. Or, comme nous plaçons les actions et les activités spirituelles parmi les biens qui ont rapport à l'âme, il s'ensuit que notre définition doit être exacte, dans la perspective du moins de cette opinion qui est ancienne et qui a rallié tous ceux qui s'adonnent à la philosophie. C'est encore à bon droit que nous identifions certaines actions et certaines activités avec la fin, car, de cette façon, la fin est mise au rang des biens de l'âme et non des biens extérieurs. Enfin, l'idée que l'homme heureux est celui qui vit bien et réussit s'adapte également bien à notre définition, car, en substance, nous avons dit que le bonheur consiste en une forme de vie heureuse et caractérisée par le succès.

CHAPITRE 9

La définition du bonheur – (1098b22) Il est manifeste aussi que les propriétés qu'on requiert ordinairement pour le bonheur font toutes absolument partie de notre définition.

(1098b23) En effet, certains auteurs sont d'avis que le bonheur est la vertu ; pour d'autres, c'est la prudence ; pour d'autres, une forme de sagesse ; d'autres encore le font consister en ces différents biens à la fois, ou seulement dans l'un d'entre eux, avec plaisir ou n'existant pas sans plaisir ; d'autres enfin ajoutent à l'ensemble de ces propriétés la prospérité extérieure. Parmi ces opinions, les unes ont été soutenues par une foule de gens et depuis très longtemps, alors que les autres l'ont été par un petit nombre d'hommes illustres. Il est peu plausible que les uns et les autres se soient trompés du tout au tout ; mais il y a des chances que ces opinions soient conformes à la droite raison, tout au moins sur un point déterminé ou même sur la plupart.

Les biens de l'âme exigent la vertu, le plaisir et le beau – (1098b30)
Pour ceux qui prétendent que le bonheur consiste en la vertu en général ou
en quelque vertu particulière, notre définition est en plein accord avec eux,
car l'activité conforme à la vertu appartient bien à la vertu. Mais il y a sans
doute une différence qui n'est pas négligeable, suivant que l'on place le
bien suprême dans la possession ou dans l'usage, dans une disposition ou
dans une activité. En effet, la disposition peut très bien exister sans produire
aucun bien, (**1099a1**) comme dans le cas de l'homme en train de dormir
ou inactif de quelque autre façon ; au contraire, pour la vertu en activité,
cela est impossible, car celui dont l'activité est conforme à la vertu agira
nécessairement et agira bien. En effet, de même qu'aux Jeux Olympiques,
ce ne sont pas les plus beaux et les plus forts qui sont couronnés, mais
ceux qui combattent (car c'est parmi eux que sont pris les vainqueurs), de
même aussi les nobles et bonnes choses de la vie deviennent à juste titre la
récompense de ceux qui agissent. De plus, leur vie en elle-même est encore
un plaisir, car le sentiment du plaisir rentre dans la classe des états de l'âme
et chacun ressent du plaisir par rapport à l'objet, quel qu'il soit, qu'il est dit
aimer. Par exemple, un cheval donne du plaisir à l'amateur de chevaux, et
un spectacle à l'amateur de spectacles. De la même façon, les actions justes
sont agréables à celui qui aime la justice, et, de façon générale, les actions
conformes à la vertu plaisent à l'homme qui aime la vertu. Mais, tandis que
chez la plupart des hommes les plaisirs se combattent parce qu'ils ne sont
pas des plaisirs par leur nature même, ceux qui aiment les actions nobles
trouvent au contraire leur joie dans les choses qui sont des plaisirs par leur
propre nature. Or, tel est précisément ce qui caractérise les actions
conformes à la vertu, de sorte qu'elles sont des plaisirs à la fois pour ceux
qui les accomplissent et en elles-mêmes. En conséquence, la vie des gens
de bien n'a nullement besoin que le plaisir vienne s'y ajouter comme un
surcroît postiche, mais elle a son plaisir en elle-même. Ajoutons encore à
ce que nous avons dit qu'on n'est pas un véritable homme de bien quand
on n'éprouve aucun plaisir dans la pratique des bonnes actions, pas plus
qu'on ne saurait jamais appeler juste celui qui accomplit sans plaisir des
actions justes, ou libéral celui qui n'éprouve aucun plaisir à faire des actes
de libéralité, et ainsi de suite. S'il en est ainsi, c'est en elles-mêmes que les
actions conformes à la vertu doivent être des plaisirs. Mais, en même temps,
elles sont encore bonnes et belles, et cela au plus haut degré, s'il est vrai que
l'homme vertueux est bon juge en ces matières ; or, son jugement est fondé,
ainsi que nous l'avons dit. [...]

L'importance des biens extérieurs (l'argent), de la bonne commu-
nauté et des beaux enfants – (1099a29) Mais ce qu'il y a par nature de
plus agréable, c'est d'obtenir l'objet de son amour. En effet, tous ces attri-
buts appartiennent à la fois aux activités qui sont les meilleures; et ces
activités, ou l'une d'entre elles – celle qui est la meilleure –, nous disons
qu'elles constituent le bonheur même. Cependant, il apparaît clairement
qu'on doit faire aussi entrer en ligne de compte les biens extérieurs, comme
nous l'avons dit, car il est impossible – ou du moins malaisé – d'accomplir
les bonnes actions quand on est dépourvu de ressources pour y faire face.
En effet, dans un grand nombre de nos actions, nous faisons intervenir
(**1099b1**) à titre d'instruments les amis ou la richesse, ou l'influence politique. D'autre part, l'absence de certains avantages gâte la félicité. C'est le
cas, par exemple, pour la noblesse de race, une heureuse progéniture, la
beauté physique. On n'est pas, en effet, complètement heureux si on a un
aspect disgracieux, si on est d'une basse extraction, ou si on vit seul et sans
enfants; et, sans doute pis encore, si on a des enfants ou des amis perdus
de vices, ou si, enfin, alors qu'ils étaient vertueux, la mort nous les a enle-
vés. Ainsi donc, comme nous l'avons dit, il semble que le bonheur ait
besoin, comme condition supplémentaire, d'une prospérité de ce genre.
De là vient que certains mettent la fortune favorable au même rang que le
bonheur, alors que d'autres l'identifient à la vertu.

CHAPITRE 10

Le bonheur dépend de nous et non de la chance – (1099b9) Cette
divergence de vues a donné naissance à la difficulté de savoir si le bonheur
est une chose qui peut s'apprendre, ou s'il s'acquiert par l'habitude ou
quelque autre exercice, ou si enfin il nous échoit en partage par une
certaine faveur divine ou même par le hasard. Et, de fait, si jamais les dieux
ont fait quelque don aux hommes, il est raisonnable de supposer que le
bonheur est bien un présent divin, et cela au plus haut degré parmi les
choses humaines, d'autant plus qu'il est la meilleure de toutes. Mais cette
question serait sans doute mieux appropriée à un autre ordre de recherches.
Il semble bien, en tout cas, que même en admettant que le bonheur ne soit
pas envoyé par les dieux, mais survient en nous par l'effet de la vertu ou de
quelque étude ou exercice, il fait partie des plus excellentes réalités divines,
car ce qui constitue la récompense et la fin même de la vertu est de toute
évidence un bien suprême, une chose divine et pleine de félicité. Mais en
même temps, ce doit être une chose accessible au grand nombre, car il peut

appartenir à tous ceux qui ne sont pas anormalement inaptes à la vertu, s'ils y mettent quelque étude et quelque soin. Et s'il est meilleur d'être heureux de cette façon-là que par l'effet d'une chance imméritée, on peut raisonnablement penser que c'est bien ainsi que les choses se passent en réalité, puisque les œuvres de la nature sont naturellement aussi bonnes qu'elles peuvent l'être, ce qui est le cas également pour tout ce qui relève de l'art ou de toute autre cause, et notamment de la cause par excellence. Au contraire, abandonner au jeu du hasard ce qu'il y a de plus grand et de plus noble serait une solution par trop discordante.

La preuve de notre argument – (1099b25) La réponse à la question que nous nous posons ressort clairement aussi de notre définition du bonheur. Nous avons dit, en effet, qu'il était une activité de l'âme conforme à la vertu, c'est-à-dire une activité d'une certaine espèce, alors que, pour les autres biens, les uns font nécessairement partie intégrante du bonheur, les autres sont seulement des adjuvants et sont utiles à titre d'instruments naturels. – Ces considérations au surplus, ne sauraient qu'être en accord avec ce que nous avons dit tout au début, car nous avons établi que la fin de la politique est la fin suprême ; or, cette science met son principal soin à faire que les citoyens soient des êtres d'une certaine qualité, autrement dit des gens honnêtes et capables de nobles actions.

Un enfant ou un animal ne peut pas être heureux – (1099b33) C'est donc à juste titre que nous n'appelons heureux ni un bœuf, ni un cheval, ni aucun autre animal, car aucun d'eux n'est capable de participer à une activité de cet ordre. (**1100a1**) Pour ce motif encore, l'enfant non plus ne peut pas être heureux, car il n'est pas encore capable de telles actions, en raison de son âge, et les enfants qu'on appelle heureux ne le sont qu'en espérance, car le bonheur requiert, nous l'avons dit, à la fois une vertu parfaite et une vie venant à son terme. De nombreuses vicissitudes et des fortunes de toutes sortes surviennent, en effet, au cours de la vie, et il peut arriver à l'homme le plus prospère de tomber dans les plus grands malheurs au temps de sa vieillesse, comme la légende héroïque le raconte de Priam : quand on a éprouvé des infortunes pareilles aux siennes et qu'on a fini misérablement, personne ne vous qualifie d'heureux. […]

CHAPITRE 11

Le bonheur ne peut être affecté par des malchances – (1100a32) Mais nous devons revenir à la précédente difficulté, car peut-être son examen facilitera-t-il la solution de la présente question. Admettons donc que l'on doive voir la fin et attendre ce moment pour déclarer un homme heureux, non pas comme étant actuellement heureux, mais parce qu'il l'était dans un temps antérieur ; comment n'y aurait-il pas une absurdité dans le fait que, au moment même où cet homme est heureux, on refusera de lui attribuer avec vérité ce qui lui appartient, sous prétexte que nous ne voulons pas appeler heureux (**1100b1**) les hommes qui sont encore vivants, en raison des caprices de la fortune et de ce que nous avons conçu le bonheur comme quelque chose de stable et ne pouvant être facilement ébranlé d'aucune façon, alors que la roue de la fortune tourne souvent pour le même individu ? Il est évident, en effet, que si nous le suivons pas à pas dans ses diverses vicissitudes, nous appellerons souvent le même homme tour à tour heureux et malheureux, faisant ainsi de l'homme heureux une sorte de caméléon ou une maison menaçant ruine. Ne doit-on pas plutôt penser que suivre la fortune dans tous ses détours est un procédé absolument incorrect ? Ce n'est pas en cela, en effet, que consistent la prospérité ou l'adversité : ce ne sont là, nous l'avons dit, que de simples adjuvants dont la vie de tout homme a besoin.

La vie heureuse est une vie vertueuse – (1100b9) La cause véritablement déterminante du bonheur réside dans l'activité conforme à la vertu, l'activité en sens contraire étant la cause de l'état opposé. Et la difficulté que nous discutons présentement témoigne en faveur de notre argument. Dans aucune action humaine, en effet, on ne relève une fixité comparable à celle des activités conformes à la vertu, lesquelles apparaissent plus stables encore que les connaissances scientifiques. Parmi ces activités vertueuses elles-mêmes, les plus hautes sont aussi les plus stables, parce que c'est dans leur exercice que l'homme heureux passe la plus grande partie de sa vie et avec le plus de continuité, et c'est là, semble-t-il bien, la cause pour laquelle l'oubli ne vient pas les atteindre.

L'homme heureux ne peut être affecté par des difficultés passagères – (1100b18) Ainsi donc, la stabilité que nous recherchons appartiendra à l'homme heureux, qui le demeurera durant toute sa vie, car toujours, ou du moins préférablement à toute autre chose, il s'engagera dans des actions et des contemplations conformes à la vertu, et il supportera les coups du sort avec la plus grande dignité et un sens en tout point parfait de la mesure, si du moins il est véritablement homme de bien et d'une carrure sans reproche. Mais nombreux sont les accidents de la fortune, ainsi que leur diversité en grandeur et en petitesse. S'agit-il de succès minimes aussi bien que de revers légers, il est clair qu'ils ne pèsent pas d'un grand poids dans la vie. Au contraire, si l'on a affaire à des événements dont la gravité et le nombre sont considérables, alors, dans le cas où ils sont favorables, ils rendront la vie plus heureuse (car en eux-mêmes ils contribuent naturellement à embellir l'existence, et, de plus, leur utilisation peut être noble et généreuse) et, dans le cas où ils produisent des résultats inverses, ils rétrécissent et corrompent le bonheur, car, en même temps qu'ils apportent des chagrins avec eux, ils mettent obstacle à de multiples activités. Néanmoins, même au sein de ces contrariétés transparaît la noblesse de l'âme, quand on supporte avec résignation de nombreuses et sévères infortunes, non certes par insensibilité, mais par noblesse et grandeur d'âme. Et si ce sont nos activités qui constituent le facteur déterminant de notre vie, ainsi que nous l'avons dit, nul homme heureux ne saurait devenir misérable, puisque jamais il n'accomplira des actions odieuses et viles. En effet, selon notre doctrine, l'homme véritablement bon et sensé supporte (**1101a1**) toutes les vicissitudes du sort avec sérénité et tire parti des circonstances pour agir toujours avec le plus de noblesse possible, pareil en cela à un bon général qui utilise à la guerre les forces dont il dispose de la façon la plus efficace, ou à un bon cordonnier qui, du cuir qu'on lui a confié, fait les meilleures chaussures possibles, et ainsi de suite pour tous les autres corps de métier. Et s'il en est bien ainsi, l'homme heureux ne saurait jamais devenir misérable, tout en n'atteignant pas cependant la pleine félicité s'il vient à tomber dans des malheurs semblables à ceux de Priam. Mais il n'est pas non plus sujet à la variation et au changement, car, d'une part, il ne sera pas ébranlé aisément dans son bonheur, ni par les premières infortunes venues : il y faudra pour cela des échecs multipliés et graves ; et, d'autre part, à la suite de désastres d'une pareille ampleur, il ne saurait recouvrer son bonheur en un jour, mais s'il y arrive, ce ne pourra être qu'à l'achèvement d'une longue période de temps, au cours de laquelle il aura obtenu de grandes et belles satisfactions.

(1101a14) Dès lors, qui nous empêche d'appeler heureux l'homme dont l'activité est conforme à une parfaite vertu et qui est suffisamment pourvu des biens extérieurs, et cela non pas pendant une durée quelconque mais pendant une vie complète ? Ne devons-nous pas ajouter encore : dont la vie se poursuivra dans les mêmes conditions et dont la fin sera en rapport avec le reste de l'existence, puisque l'avenir nous est caché et que nous posons le bonheur comme une fin, comme quelque chose d'absolument parfait ? S'il en est ainsi, nous qualifierons de bienheureux ceux qui, parmi les hommes vivants, possèdent et posséderont les biens que nous avons énumérés – mais bienheureux toutefois comme des hommes peuvent l'être.

[...]

CHAPITRE 12

Le bonheur fait partie des plus grands biens – (1101b10) Ces explications une fois données, examinons si le bonheur appartient à la classe des biens dignes d'éloge ou plutôt à celle des biens dignes d'honneur, car il est évident que, de toute façon, il ne rentre pas dans les potentialités. Il apparaît bien que ce qui est digne d'éloge est toujours loué par le fait de posséder quelque qualité et d'être dans une certaine relation à quelque chose, car l'homme juste, l'homme courageux, et en général l'homme de bien et la vertu elle-même sont objet de louanges de notre part en raison des actions et des œuvres qui en procèdent, et nous louons aussi l'homme vigoureux, le bon coureur, et ainsi de suite, parce qu'ils possèdent une certaine qualité naturelle et se trouvent dans une certaine relation avec quelque objet bon ou excellent. Cela résulte encore clairement des louanges que nous donnons aux dieux : il nous paraît, en effet, ridicule de rapporter les dieux à nous, et cela tient à ce que les louanges se font par référence à autre chose, ainsi que nous l'avons dit. Mais, si la louange s'applique à des choses de ce genre, il est évident que les réalités les plus nobles sont objet, non pas de louange, mais de quelque chose de plus grand et de meilleur, comme on peut d'ailleurs s'en rendre compte ; ce que nous faisons, en effet, aussi bien pour les dieux que pour ceux des hommes qui sont le plus semblables aux dieux, c'est de proclamer leur béatitude et leur félicité. Nous agissons de même en ce qui concerne les biens proprement dits, car nul ne fait l'éloge du bonheur comme il le fait de la justice, mais on proclame sa félicité comme étant quelque chose de plus divin et de meilleur encore. [...]

(1101b34) Mais l'examen détaillé de ces questions relève sans doute plutôt de ceux qui ont fait une étude approfondie des glorifications : pour nous, il résulte clairement de ce que nous avons dit, que le bonheur rentre dans (**1102a1**) la classe des choses dignes d'honneur et parfaites. Et si telle est sa nature, cela tient aussi, semble-t-il, à ce qu'il est un principe, car c'est en vue de lui que nous accomplissons toutes les autres choses que nous faisons ; et nous posons le principe et la cause des biens comme quelque chose digne d'être honoré et de divin.

CHAPITRE 13

Le bonheur est lié à la vertu et à la bonne gouvernance de la cité – (1102a5) Puisque le bonheur est une certaine activité de l'âme en accord avec une vertu parfaite, c'est la nature de la vertu qu'il nous faut examiner : car peut-être ainsi pourrons-nous mieux considérer la nature du bonheur lui-même. Or, il semble bien que le véritable politicien soit aussi celui qui s'est adonné spécialement à l'étude de la vertu, puisqu'il veut faire de ses concitoyens des gens honnêtes et soumis aux lois (comme exemple de ces personnages politiques nous pouvons citer les législateurs de la Crète et de Lacédémone, et tous autres du même genre dont l'histoire peut faire mention). Et si cet examen relève de la politique, il est clair que nos recherches actuelles rentreront dans notre dessein primitif.

Pour étudier la vertu il faut d'abord analyser l'âme humaine – (1102a13) Mais la vertu qui doit faire l'objet de notre examen est évidemment une vertu humaine, puisque le bien que nous cherchons est un bien humain, et le bonheur, un bonheur humain. Et par vertu humaine nous entendons non pas l'excellence du corps, mais bien celle de l'âme, et le bonheur est aussi pour nous une activité de l'âme. Mais s'il en est ainsi, il est évident que le politicien doit posséder une certaine connaissance de ce qui a rapport à l'âme, tout comme le médecin appelé à soigner les yeux doit connaître aussi, d'une certaine manière, le corps dans son ensemble; et la connaissance de l'âme s'impose d'autant plus en l'espèce que la politique dépasse en noblesse et en élévation la médecine; et d'ailleurs, chez les médecins eux-mêmes, les plus distingués d'entre eux s'appliquent avec grand soin à acquérir la connaissance du corps. Il faut donc aussi que le politicien considère ce qui a rapport à l'âme et que son étude soit faite dans le but que nous avons indiqué, et seulement dans la mesure requise pour ses recherches, car pousser plus loin le souci du détail est sans doute une tâche trop lourde, eu égard à ce qu'il se propose.

Les deux parties de l'âme: l'irrationnelle et la rationnelle – (1102a24) On traite aussi de l'âme dans les discussions exotériques; certains points y ont été étudiés d'une manière satisfaisante et nous devons en faire notre profit: c'est ainsi que nous admettons qu'il y a dans l'âme la partie irrationnelle et la partie rationnelle. Quant à savoir si ces deux parties sont réellement distinctes comme le sont les parties du corps ou de toute autre grandeur divisible, ou bien si elles sont logiquement distinctes mais inséparables par nature, comme le sont, dans la circonférence, le convexe et le concave, cela n'a aucune importance pour la présente discussion.

■ *La partie irrationnelle* – (1102a27) La partie irrationnelle se divise en deux: la partie végétative commune à tous les êtres vivants. Elle ne peut aider l'homme comme tel à atteindre le bonheur. Elle ne participe pas à la raison.

   La partie végétative – (1102a32) Dans la partie irrationnelle elle-même, on distingue la partie qui semble être commune à tous les êtres vivants, y compris les végétaux, je veux dire cette partie qui est cause de la nutrition et de l'accroissement. C'est, en effet, une potentialité psychique de ce genre que l'on peut assigner à tous les êtres qui se nourrissent et même aux embryons ; (**1102b1**) cette même faculté est au surplus également présente dans les êtres pleinement développés, car il est plus raisonnable de la leur attribuer que de leur en donner quelque autre. Quoi qu'il en soit, cette faculté possède une certaine excellence, laquelle se révèle comme étant commune à toutes les espèces et non comme étant proprement humaine. En effet, c'est dans le sommeil que cette partie de l'âme, autrement dit cette potentialité, semble avoir son maximum d'activité, alors qu'au contraire l'homme bon et l'homme vicieux ne se distinguent en rien pendant leur sommeil, et c'est même de là que vient le dicton qu'il n'y a aucune différence durant la moitié de leur vie entre les gens heureux et les misérables. Cela résulte tout naturellement de ce fait que le sommeil est pour l'âme une suspension de cette activité par où se caractérise l'âme vertueuse ou perverse, sauf à admettre toutefois que, dans une faible mesure, certaines impressions parviennent à la conscience, et qu'ainsi les rêves des gens de bien sont meilleurs que ceux du premier venu. Mais sur ce sujet nous en avons assez dit, et nous devons laisser de côté la partie nutritive puisque, par sa nature même, elle n'a rien à voir avec l'excellence spécifiquement humaine.

La partie appétitive s'oppose à la raison – (1102b12) Mais il semble bien qu'il existe encore dans l'âme une autre nature irrationnelle, laquelle toutefois participe en quelque manière à la raison. En effet, dans l'homme tempérant comme dans l'homme intempérant nous faisons l'éloge de leur principe raisonnable ou de la partie de leur âme qui possède la raison, parce qu'elle les exhorte avec rectitude à accomplir les plus nobles actions. Mais il se manifeste aussi en eux un autre principe, qui se trouve, par sa nature même, en dehors du principe raisonnable, principe avec lequel il est en conflit et auquel il oppose de la résistance. Car il en est exactement comme dans les cas de paralysie, où les parties du corps, quand nous nous proposons de les mouvoir à droite, se portent au contraire à gauche. Et bien, pour l'âme, il en est de même : c'est dans des directions contraires à la raison que se tournent les impulsions des intempérants. Il y a pourtant cette différence que, dans le cas du corps, nous voyons de nos yeux la déviation du membre, tandis que dans le cas de l'âme nous ne voyons rien : il n'en faut pas moins admettre sans doute qu'il existe aussi dans l'âme un facteur en dehors du principe raisonnable, qui lui est opposé et contre lequel il lutte. Quant à savoir en quel sens ces deux parties de l'âme sont distinctes, cela n'a aucune importance.

La partie appétitive participe aussi à la raison – (1102b25) Mais il apparaît bien aussi que ce second facteur participe au principe raisonnable, ainsi que nous l'avons dit : dans le cas de l'homme tempérant tout au moins, ce facteur obéit au principe raisonnable, et il est peut-être encore plus docile chez l'homme modéré et courageux, puisque en lui tout est en accord avec le principe raisonnable.

(1102b28) On voit ainsi que la partie irrationnelle de l'âme est elle-même double : il y a, d'une part, la partie végétative, qui n'a rien de commun avec le principe raisonnable, et, d'autre part, la partie appétitive ou, d'une façon générale, désirante, qui participe en quelque manière au principe raisonnable en tant qu'elle l'écoute et lui obéit, et cela au sens où nous disons « tenir compte » de son père ou de ses amis, et non au sens où les mathématiciens parlent de « raison ». Et que la partie irrationnelle subisse une certaine influence de la part du principe raisonnable, on en a la preuve dans la pratique des réprimandes, et, d'une façon générale, des reproches et exhortations. (**1103a1**) Mais si cet élément irrationnel doit être dit aussi posséder la raison, c'est alors la partie raisonnable qui sera double : il y aura, d'une part, ce qui, proprement et en soi-même, possède la raison, et, d'autre part, ce qui ne fait que lui obéir, à la façon dont on obéit à son père.

■ *L'âme rationnelle : les vertus morales et intellectuelles* – (1103a4) La vertu se divise à son tour conformément à cette différence. Nous distinguons, en effet, les vertus intellectuelles et les vertus morales : la sagesse, l'intelligence, la prudence sont des vertus intellectuelles ; la libéralité et la modération sont des vertus morales. En parlant, en effet, du caractère moral de quelqu'un, nous ne disons pas qu'il est sage ou intelligent, mais qu'il est doux ou modéré. Cependant, nous louons aussi le sage en raison de la disposition où il se trouve, et, parmi les dispositions, celles qui méritent la louange, nous les appelons des vertus.

LIVRE II
LE BONHEUR ET LES VERTUS POUR L'ATTEINDRE : MORALES ET INTELLECTUELLES

CHAPITRE 1
La vertu vient-elle de l'habitude ou de l'enseignement ? – (1103a14)
La vertu est de deux sortes, la vertu intellectuelle et la vertu morale. La

vertu intellectuelle dépend dans une large mesure de l'enseignement reçu, aussi bien pour sa production que pour son accroissement ; aussi a-t-elle besoin d'expérience et de temps. La vertu morale, au contraire, est le produit de l'habitude, d'où lui est venu aussi son nom, par une légère modification de *ethos*. Et, par suite, il est également évident qu'aucune des vertus morales n'est engendrée en nous naturellement, car rien de ce qui existe par nature ne peut être rendu autre par l'habitude : ainsi, la pierre, qui se porte naturellement vers le bas, ne saurait être habituée à se porter vers le haut, pas même si des milliers de fois on tentait de l'y accoutumer en la lançant en l'air ; pas davantage ne pourrait-on habituer le feu à se porter vers le bas, et, d'une manière générale, rien de ce qui a une nature donnée ne saurait être accoutumé à se comporter autrement. Ainsi donc, ce n'est ni par nature, ni contrairement à la nature que naissent en nous les vertus, mais la nature nous a donné la capacité de les recevoir, et cette capacité est amenée à maturité par l'habitude.

(1103a26) En outre, pour tout ce qui survient en nous par nature, nous le recevons d'abord à l'état de puissance, et c'est plus tard que nous le faisons passer à l'acte comme cela est manifeste dans le cas des facultés sensibles (car ce n'est pas à la suite d'une multitude d'actes de vision ou d'une multitude d'actes d'audition que nous avons acquis les sens correspondants, mais c'est l'inverse : nous avions déjà les sens quand nous en avons fait usage, et ce n'est pas après en avoir fait usage que nous les avons eus). Pour les vertus, au contraire, leur possession suppose un exercice antérieur, comme c'est aussi le cas pour les autres arts. En effet, les choses qu'il faut avoir apprises pour les faire, c'est en les faisant que nous les apprenons : par exemple, c'est en construisant qu'on devient constructeur, et en jouant de la cithare qu'on devient cithariste ; ainsi, c'est encore (**1103b1**) en pratiquant les actions justes que nous devenons justes, les actions modérées que nous devenons modérés, et les actions courageuses que nous devenons courageux.

Le dirigeant politique de la cité doit donner l'exemple – (1103b3) Cette vérité est encore attestée par ce qui se passe dans les cités, où les législateurs rendent les citoyens bons en leur faisant contracter certaines habitudes : c'est même là le souhait de tout législateur, et s'il s'en acquitte mal, son œuvre est manquée et c'est en quoi une bonne constitution se distingue d'une mauvaise.

L'importance d'acquérir de bonnes habitudes – (1103b7) De plus, les actions qui, comme causes ou comme moyens, sont à l'origine de la production d'une vertu quelconque, sont les mêmes que celles qui amènent sa destruction, tout comme dans le cas d'un art ; en effet, jouer de la cithare forme indifféremment les bons et les mauvais citharistes. On peut faire une remarque analogue pour les constructeurs de maisons et tous les autres corps de métiers : le fait de bien construire donnera de bons constructeurs, et le fait de mal construire, de mauvais. En effet, s'il n'en était pas ainsi, on n'aurait aucun besoin du maître, mais on serait toujours de naissance bon ou mauvais dans son art. Il en est dès lors de même pour les vertus : c'est en accomplissant tels ou tels actes dans notre commerce avec les autres hommes que nous devenons, les uns justes, les autres injustes ; c'est en accomplissant de même telles ou telles actions dans les dangers, et en prenant des habitudes de crainte ou de hardiesse que nous devenons, les uns courageux, les autres poltrons. Les choses se passent de la même façon en ce qui concerne les appétits et les impulsions : certains hommes deviennent modérés et doux, d'autres déréglés et emportés, pour s'être conduits, dans des circonstances identiques, soit d'une manière soit de l'autre. En un mot, les dispositions morales proviennent d'actes qui leur sont semblables. C'est pourquoi nous devons orienter nos activités dans un certain sens, car la diversité qui les caractérise entraîne les différences correspondantes dans nos dispositions. Ce n'est donc pas une œuvre négligeable de contracter dès la plus tendre enfance telle ou telle habitude ; au contraire, c'est d'une importance majeure, disons mieux, totale.

CHAPITRE 2

Le but du présent travail : comment devenir vertueux – (1103b26) Puisque le présent travail n'a pas pour but la spéculation pure, comme nos autres ouvrages (car ce n'est pas pour savoir ce qu'est la vertu en son essence que nous effectuons notre enquête, mais c'est afin de devenir vertueux, puisque autrement cette étude ne servirait à rien), il est nécessaire de porter notre examen sur ce qui a rapport à nos actions, pour savoir de quelle façon nous devons les accomplir, car ce sont elles qui déterminent aussi le caractère de nos dispositions morales, ainsi que nous l'avons dit.

(1103b31) Or, le fait d'agir conformément à la droite règle est une chose communément admise et qui doit être prise pour base : nous y reviendrons plus tard ; nous dirons ce qu'est la droite règle et son rôle à l'égard des autres vertus.

En morale il faut d'abord élaborer une esquisse, un plan général – (1103b32) Mais mettons-nous préalablement d'accord sur le point suivant : (**1104a1**) notre exposé tout entier, qui concerne les actions qu'il faut faire, doit s'en tenir aux généralités et ne pas entrer dans le détail. Ainsi que nous l'avons dit en commençant, les exigences de toute discussion

vertu : bon agir !

dépendent de la matière que l'on traite. Or, sur le terrain de l'action et de l'utile, il n'y a rien de fixe pas plus que dans le domaine de la santé. Et si tel est le caractère de la discussion portant sur les règles générales de la conduite, à plus forte raison encore la discussion qui a pour objet les différents groupes de cas particuliers manque-t-elle également de rigueur, car elle ne tombe ni sous aucun art, ni sous aucune prescription, et il appartient toujours à l'agent lui-même d'examiner ce qu'il est opportun de faire, comme dans le cas de l'art médical ou de l'art de la navigation.

L'identification de l'excès et du défaut pour déterminer la vertu – (1104a11) Mais, en dépit de ce caractère du présent exposé, nous devons cependant nous efforcer de venir au secours du moraliste. Ce que tout d'abord il faut considérer, c'est que les vertus en question sont naturellement sujettes à périr, à la fois par excès et par défaut, comme nous le voyons dans le cas de la vigueur corporelle et de la santé (car on est obligé, pour éclaircir les choses obscures, de s'appuyer sur des preuves manifestes): en effet, l'excès comme l'insuffisance d'exercice font perdre également la vigueur; de même, dans le boire et le manger, une trop forte ou une trop faible quantité détruit la santé, tandis que la juste mesure la produit, l'accroît et la conserve. Et bien, il en est ainsi pour la modération, le courage et les autres vertus: car celui qui fuit devant tous les périls, qui a peur de tout et qui ne sait rien supporter devient un lâche, tout comme celui qui n'a peur de rien et va au devant de n'importe quel danger devient téméraire; de même encore, celui qui se livre à tous les plaisirs et ne se refuse à aucun devient un homme dissolu, tout comme celui qui se prive de tous les plaisirs comme un rustre devient une sorte d'être insensible. Ainsi donc, la modération et le courage se perdent également par l'excès et par le défaut, alors qu'ils se conservent par la juste mesure. Mais, non seulement les vertus ont pour origine et pour source de leur production et de leur croissance les mêmes actions qui président d'autre part à leur disparition, mais encore leur activité se déploiera dans l'accomplissement de ces mêmes actions. Il en est effectivement ainsi pour les autres qualités plus apparentes que les vertus. Prenons, par exemple, la vigueur du corps: elle a sa source dans la nourriture abondante qu'on absorbe et dans les nombreuses fatigues qu'on endure; mais ce sont là aussi des actions que l'homme vigoureux se montre particulièrement capable d'accomplir. Or, c'est ce qui se passe pour les vertus: c'est en nous abstenant des plaisirs que nous devenons modérés, et, une fois que nous le sommes devenus, c'est alors que nous sommes le plus capables de pratiquer cette abstention. Il en est de même au sujet du courage: (**1104b1**) en nous habituant à mépriser le danger et à lui tenir tête, nous devenons courageux et, une fois que nous le sommes devenus, c'est alors que nous serons le plus capables d'affronter le danger.

Le plaisir accompagne la vertu – (1104b4) D'autre part, nous devons prendre pour signe distinctif de nos dispositions le plaisir ou la peine qui vient s'ajouter à nos actions. En effet, l'homme qui s'abstient des plaisirs du corps et qui se réjouit de cette abstention même est un homme modéré, tandis que s'il s'en afflige, il est un homme intempérant ; et l'homme qui fait face au danger et qui y trouve son plaisir, ou tout au moins n'en éprouve pas de peine, est un homme courageux, alors que s'il en ressent de la peine, c'est un lâche. – Plaisirs et peines sont ainsi, en fait, ce sur quoi roule la vertu morale.

Le rôle du plaisir dans l'identification du bien et du mal – (1104b10) En effet, c'est à cause du plaisir que nous en ressentons que nous commettons le mal, et à cause de la douleur que nous nous abstenons du bien. Aussi devons-nous être amenés d'une façon ou d'une autre, dès la plus tendre enfance selon Platon, à trouver nos plaisirs et nos peines là où il convient, car la saine éducation consiste en cela. En second lieu, si les vertus concernent les actions et les passions, et si toute passion et toute action s'accompagnent logiquement de plaisir ou de peine, pour cette raison encore la vertu aura rapport aux plaisirs et aux peines. Une autre indication résulte de ce fait que les sanctions se font par ces moyens, car le châtiment est une sorte de cure, et il est de la nature de la cure d'obéir à la loi des contraires. De plus, comme nous l'avons noté aussi plus haut, toute disposition de l'âme est par sa nature même en rapport et en conformité avec le genre de choses qui peuvent la rendre naturellement meilleure ou pire. Or, c'est à cause des plaisirs et des peines que les hommes deviennent méchants, du fait qu'ils les poursuivent ou les évitent, alors qu'il s'agit de plaisirs et de peines qu'on ne doit pas rechercher ou fuir, ou qu'on le fait à un moment où il ne le faut pas, ou de la façon qu'il ne faut pas, ou selon toute autre modalité rationnellement déterminée. Voilà pourquoi certains définissent les vertus comme étant des états d'impassibilité et de repos ; mais c'est là une erreur, due à ce qu'ils s'expriment en termes absolus, sans ajouter « de la façon qu'il faut » et « de la façon qu'il ne faut pas » ou « au moment où il faut », et toutes autres additions. Qu'il soit donc bien établi que la vertu dont il est question est celle qui tend à agir de la meilleure façon au regard des plaisirs et des peines, et que le vice fait tout le contraire. […]

(1105a3) En outre, dès l'enfance, l'aptitude au plaisir a grandi avec chacun de nous : c'est pourquoi il est difficile de se débarrasser de ce sentiment, tout imprégné qu'il est dans notre vie. De plus, nous mesurons nos actions, tous plus ou moins, au plaisir et à la peine qu'elles nous donnent. Pour cette raison encore, nous devons nécessairement centrer toute notre étude sur ces notions, car il n'est pas indifférent pour la conduite de la vie que notre réaction au plaisir et à la peine soit saine ou viciée. Ajoutons enfin qu'il est plus difficile de combattre le plaisir que les désirs de son cœur, selon Héraclite. Or, la vertu, de même que l'art, a toujours pour objet ce qui est plus difficile, car le bien est de plus haute qualité quand il est contrarié. Voilà donc encore une raison pour que plaisirs et peines fassent le principal objet de l'œuvre entière de la vertu comme de la politique, car si on en use bien on sera bon, et si on en use mal, mauvais.

CHAPITRE 3

Comment identifier l'acte vertueux – (1105a14) Par conséquent, que la vertu ait rapport à des plaisirs et à des peines, et que les actions qui la produisent sont aussi celles qui la font croître ou, quand elles ont lieu d'une autre façon, la font disparaître ; qu'enfin les actions dont elle est la résultante soient celles mêmes où son activité s'exerce ensuite, tout cela, considérons-le comme dit.

Mais on pourrait se demander ce que nous entendons signifier quand nous disons qu'on ne devient juste qu'en faisant des actions justes, et modéré qu'en faisant des actions modérées : car enfin, si on fait des actions justes et des actions modérées, c'est qu'on est déjà juste et modéré, de même qu'en faisant des actes ressortissant à la grammaire et à la musique on est grammairien et musicien. Mais ne peut-on pas dire plutôt que cela n'est pas exact, même dans le cas des arts ? C'est qu'il est possible, en effet, qu'on fasse une chose ressortissant à la grammaire soit par chance, soit sous l'indication d'autrui : on ne sera donc grammairien que si, à la fois, on a fait quelque chose de grammatical et si on l'a fait d'une façon grammaticale, à savoir conformément à la science grammaticale qu'on possède en soi-même.

De plus, il n'y a pas ressemblance entre le cas des arts et celui des vertus. Les productions de l'art ont leur valeur en elles-mêmes ; il suffit donc que la production leur confère certains caractères. Au contraire, pour les actions faites selon la vertu, ce n'est pas par la présence en elles de certains caractères intrinsèques qu'elles sont faites d'une façon juste ou modérée ;

en premier lieu, il faut encore que l'agent lui-même soit dans une certaine disposition quand il les accomplit, ensuite il doit savoir ce qu'il fait, choisir librement l'acte en question et le choisir en vue de cet acte lui-même et, en troisième lieu, l'accomplir dans une disposition d'esprit ferme et inébranlable. Or, ces conditions n'entrent pas en ligne de compte pour (**1105b1**) la possession d'un art quel qu'il soit, à l'exception du savoir lui-même, alors que, pour la possession des vertus, le savoir ne joue qu'un rôle minime ou même nul, à la différence des autres conditions, lesquelles ont une influence non pas médiocre, mais totale, en tant précisément que la possession de la vertu naît de l'accomplissement répété des actes justes et modérés. Ainsi donc, les actions sont dites justes et modérées quand elles sont telles que les accomplirait l'homme juste ou l'homme modéré ; mais est juste et modéré non pas celui qui les accomplit simplement, mais celui qui, de plus, les accomplit de la façon dont les hommes justes et modérés les accomplissent. On a donc raison de dire que c'est par l'accomplissement des actions justes qu'on devient juste, et par l'accomplissement des actions modérées qu'on devient modéré, tandis qu'à ne pas les accomplir nul ne saurait jamais être en passe de devenir bon.

De l'importance des bonnes habitudes pour philosopher – (1105b14) Mais la plupart des hommes, au lieu d'accomplir des actions vertueuses, se retranchent dans le domaine de la discussion et pensent qu'ils agissent ainsi en philosophes et que cela suffira à les rendre vertueux : ils ressemblent en cela aux malades qui écoutent leur médecin attentivement, mais n'exécutent aucune de ses prescriptions. Et, de même que ces malades n'assureront pas la santé de leur corps en se soignant de cette façon, les autres non plus n'obtiendront pas celle de l'âme en professant une philosophie de ce genre.

CHAPITRE 4

Qu'est-ce donc que la vertu, voilà ce qu'il faut examiner – (1105b19) Puisque les phénomènes de l'âme sont de trois sortes, les états affectifs, les facultés et les dispositions, c'est l'une de ces choses qui doit être la vertu. J'entends par états affectifs, l'appétit, la colère, la crainte, l'audace, l'envie, la joie, l'amitié, la haine, le regret de ce qui a plu, la jalousie, la pitié, bref toutes les inclinations accompagnées de plaisir ou de peine ; par facultés, les aptitudes qui font dire de nous que nous sommes capables d'éprouver ces affections, par exemple la capacité d'éprouver colère, peine ou pitié ; par dispositions, enfin, notre comportement bon ou mauvais relativement aux affections ; par exemple, pour la colère, si nous l'éprouvons ou violemment ou nonchalamment, notre comportement est mauvais, tandis qu'il est bon si nous l'éprouvons avec mesure, et ainsi pour les autres affections. [...]

La vertu n'est pas une faculté – (1106a6) Pour les raisons qui suivent, les vertus et les vices ne sont pas non plus des facultés. Nous ne sommes pas appelés bons ou mauvais d'après notre capacité à éprouver simplement ces états, pas plus que nous ne sommes loués ou blâmés. De plus, nos facultés sont en nous par notre nature, alors que nous ne naissons pas naturellement bons ou méchants. Mais nous avons traité ce point précédemment. Par conséquent, si les vertus ne sont ni des affections, ni des facultés, il reste que ce sont des dispositions.

CHAPITRE 5

La vertu est une disposition qui permet à l'homme de devenir bon – (1106a14) Ainsi, nous avons établi génériquement la nature de la vertu. Mais nous ne devons pas seulement dire de la vertu qu'elle est une disposition, mais dire encore quelle espèce de disposition elle est. Nous devons alors remarquer que toute « vertu », pour la chose dont elle est « vertu », a pour effet à la fois de mettre cette chose en bon état et de lui permettre de bien accomplir son œuvre propre : par exemple, la « vertu » de l'oeil rend l'oeil et sa fonction également parfaits, car c'est par la vertu de l'oeil que la vision s'effectue en nous comme il faut. De même, la « vertu » du cheval rend un cheval à la fois parfait en lui-même et bon pour la course, pour porter son cavalier et faire face à l'ennemi. Par conséquent, s'il en est ainsi dans tous les cas, l'excellence, la vertu de l'homme, ne saurait être qu'une disposition par laquelle un homme devient bon et par laquelle aussi son œuvre propre sera rendue bonne. [...]

C'est l'homme qui définit le juste milieu dans la vertu – (1126a26) En tout ce qui est continu et divisible, il est possible de distinguer le plus, le moins et l'égal, et cela soit dans la chose même, soit par rapport à nous, l'égal étant quelque moyen entre l'excès et le défaut. J'entends par moyen dans la chose ce qui s'écarte à égale distance de chacun des deux extrêmes, point qui est unique et identique pour tous les hommes, et, par moyen par rapport à nous, ce qui n'est ni trop, ni trop peu, et c'est là une chose qui n'est ni une, ni identique pour tout le monde. Par exemple, entre beaucoup et peu est le moyen pris dans la chose, car il dépasse et est dépassé par une quantité égale ; et c'est là un moyen établi d'après la proportion arithmétique. Au contraire, le moyen par rapport à nous ne doit pas être pris de cette façon : si, pour la nourriture de tel individu déterminé, un poids de (**1106b1**) dix mines est beaucoup et un poids de 2 mines peu, il ne s'ensuit pas que le maître de gymnase prescrira un certain poids de mines, car cette quantité est peut-être aussi beaucoup pour la personne qui l'absorbera, ou peu : pour Milon ce sera peu, et pour un débutant dans les exercices du gymnase, beaucoup. Il en est de même pour la course et la lutte. C'est dès lors ainsi que l'homme versé dans une discipline quelconque évite l'excès et le défaut ; c'est le moyen qu'il recherche et qu'il choisit, mais ce moyen n'est pas celui de la chose, c'est celui qui est relatif à nous.

La vertu est une sorte de juste milieu – (1106b9) Par conséquent, si toute science aboutit ainsi à la perfection de son œuvre, en fixant le regard sur le moyen et y ramenant ses œuvres (de là vient notre habitude de dire, en parlant des œuvres bien réussies, qu'il est impossible d'y rien retrancher ni d'y rien ajouter, voulant signifier par là que l'excès et le défaut détruisent la perfection, tandis que le juste milieu la préserve). Par conséquent, si les bons artistes, comme nous les appelons, ont les yeux fixés sur ce juste milieu quand ils travaillent, et si, en outre, la vertu, comme la nature, dépasse en exactitude et en valeur tout autre art, alors c'est le moyen vers lequel elle devra tendre. J'entends ici la vertu morale, car c'est elle qui a rapport à des affections et des actions, matières en lesquelles il y a excès, défaut et moyen. [...] Pareillement encore en ce qui concerne les actions, il peut y avoir excès, défaut et moyen. Or, la vertu a rapport à des affections et à des actions dans lesquelles l'excès est erreur et le défaut objet de blâme, tandis que le moyen est objet de louange et de réussite, double avantage propre à la vertu. La vertu est donc une sorte de juste milieu en ce sens qu'elle vise le moyen.

La vertu est une moyenne qui vise le meilleur – (1106b29) De plus, l'erreur est multiforme (car le mal relève de l'Illimité, comme les pythagoriciens l'ont conjecturé, et le bien du limité), tandis qu'on ne peut observer la droite règle que d'une seule façon : pour ces raisons aussi, la première est facile, et l'autre difficile ; il est facile de manquer le but, et difficile de l'atteindre. Et c'est ce qui fait que le vice a pour caractéristiques l'excès et le défaut, et la vertu le juste milieu : l'honnêteté n'a qu'une seule forme, mais le vice en a de nombreuses.

CHAPITRE 6

La définition de la vertu – (1106b35) Ainsi donc, la vertu est une disposition à agir d'une façon délibérée consistant en un juste milieu relatif à nous, (**1107a1**) laquelle est rationnellement déterminée et comme la déterminerait l'homme prudent. Mais c'est un juste milieu entre deux vices, l'un par excès et l'autre par défaut ; et c'est encore un juste milieu en ce que certains vices sont au-dessous, et d'autres au-dessus du « ce qu'il faut », dans le domaine des affections aussi bien que des actions, tandis que la vertu, elle, découvre et choisit la position moyenne.

(1107a6) C'est pourquoi, dans l'ordre de la substance et de la définition exprimant la quiddité[35], la vertu est un juste milieu, tandis que, dans l'ordre de l'excellence et du parfait, c'est un sommet.

Il n'y a pas de juste milieu dans le crime ou le viol – (1107a8) Mais toute action n'admet pas le juste milieu, ni non plus toute affection, car, pour certaines d'entre elles, leur seule dénomination implique immédiatement la perversité, par exemple la malveillance, l'impudence, l'envie et, dans le domaine des actions, l'adultère, le vol, l'homicide ; ces affections et ces actions, et les autres de même genre, sont toutes, en effet, objets de blâme parce qu'elles sont perverses en elles-mêmes, et ce n'est pas seulement leur excès ou leur défaut que l'on condamne. Il n'est donc jamais possible de se tenir à leur sujet dans la voie droite, mais elles constituent toujours des fautes. On ne peut pas non plus, à l'égard de telles choses, dire que le bien ou le mal dépend des circonstances, du fait, par exemple, que l'adultère est commis avec la femme qu'il faut, à l'époque et de la manière qui conviennent, mais le simple fait d'en commettre un, quel qu'il soit, est une faute. Il est également absurde de supposer que commettre une action injuste ou lâche ou déréglée comporte un juste milieu, un excès et un défaut, car il y aurait à ce compte-là un juste milieu d'excès et de défaut, un excès d'excès et un défaut de défaut. […]

CHAPITRE 7
Début de l'analyse concrète des vertus

■ *Le courage et la témérité* – (1107a28) Nous ne devons pas seulement nous en tenir à des généralités, mais encore en faire l'application aux vertus particulières. En effet, parmi les exposés traitant de nos actions, ceux qui sont d'ordre général sont plus vides et ceux qui s'attachent aux particularités plus vrais, car les actions ont rapport aux faits individuels, et nos théories doivent être en accord avec eux. Empruntons donc les exemples de vertus particulières à notre tableau[36]. […]

---

[35] L'essence d'une chose, ce en quoi elle consiste.
[36] Comme le recommande Aristote, nous avons réalisé un tableau des vertus. Voir la section « L'*Éthique à Nicomaque* en tableaux ».

LIVRE III
LE CONSENTEMENT, LA DÉCISION ET
LA RESPONSABILITÉ

CHAPITRE 1

Il faut définir la vertu – (1109b30) Puisque la vertu a rapport à la fois à des affections et à des actions, et que ces états peuvent être soit volontaires – et encourir l'éloge ou le blâme, soit involontaires – et provoquer l'indulgence et parfois même la pitié, il est sans doute indispensable, pour ceux qui font porter leur examen sur la vertu, de distinguer entre le volontaire et l'involontaire ; et cela est également utile au législateur pour établir des récompenses et des châtiments.

Définition de l'acte involontaire, ou non consenti, accompli par crainte ou par violence

- *L'acte involontaire* – (1109b35) On admet ordinairement qu'un acte est involontaire quand il est fait sous la contrainte ou par ignorance. Est fait par (**1110a1**) contrainte tout ce qui a son principe hors de nous, c'est-à-dire un principe dans lequel on ne relève aucun concours de l'agent, ou du patient si, par exemple, on est emporté quelque part, soit par le vent, soit par des gens qui vous tiennent en leur pouvoir.

- *L'acte accompli par crainte ou par violence* – (**1110a1**) Mais pour les actes accomplis par crainte de plus grands maux ou pour quelque noble motif (par exemple, si un tyran nous ordonne d'accomplir une action honteuse, alors qu'il tient en son pouvoir nos parents et nos enfants, et qu'en accomplissant cette action nous assurerions leur salut, et en refusant de la faire, leur mort), pour de telles actions la question est débattue de savoir si elles sont volontaires ou involontaires. C'est là encore ce qui se produit dans le cas d'une cargaison que l'on jette par-dessus bord au cours d'une tempête : dans l'absolu, personne ne se débarrasse ainsi de son bien volontairement, mais quand il s'agit de son propre salut et de celui de ses compagnons, un homme de sens agit toujours ainsi. De telles actions sont donc mixtes tout en ressemblant plutôt à des actions volontaires, car elles sont librement choisies au moment où on les accomplit, et la fin de l'action varie avec les circonstances de temps. On doit donc, pour qualifier une action de volontaire ou d'involontaire, se référer au moment où elle s'accomplit. Or, ici l'homme agit volontairement, car le principe qui, en de telles actions, meut les parties instrumentales de son corps réside en lui ; et les choses dont le principe est en l'homme même, il dépend de lui de les faire ou de ne pas les faire. Volontaires sont donc les actions de ce genre, quoique, dans l'absolu, elles soient peut-être involontaires, puisque personne ne choisirait jamais une pareille action en elle-même.

- *Ces types d'action provoquent les louanges ou les blâmes* – (1111a19) Les actions de cette nature sont aussi parfois objet d'éloge, quand on souffre avec constance quelque chose de honteux ou d'affligeant en contrepartie de grands et beaux avantages; dans le cas opposé, au contraire, elles sont objet de blâme, car endurer les plus grandes indignités pour n'en retirer qu'un avantage nul ou médiocre est le fait d'une âme basse. Dans le cas de certaines actions, ce n'est pas l'éloge qu'on provoque, mais l'indulgence : c'est lorsqu'on accomplit une action qu'on ne doit pas faire, pour éviter des maux qui surpassent les forces humaines et que personne ne pourrait supporter. Cependant, il existe sans doute des actes qu'on ne peut jamais être contraint d'accomplir, et auxquels nous devons préférer subir la mort la plus épouvantable : car les motifs qui ont contraint par exemple l'Alcméon d'Euripide à tuer sa mère apparaissent bien ridicules. [...]

- *La cause de ces actions réside hors de nous ou nous est extérieure* – (**1110b1**) Quelles sortes d'actions faut-il dès lors appeler forcées? Ne devons-nous pas dire qu'au sens absolu, c'est lorsque leur cause réside dans les choses hors de nous, et que l'agent n'y a en rien contribué? Les actions qui, en elles-mêmes, sont involontaires, mais qui, à tel moment et en retour d'avantages déterminés, ont été librement choisies et dont le principe réside dans l'agent, sont assurément en elles-mêmes involontaires, mais, à tel moment et en retour de tels avantages, deviennent volontaires et ressemblent plutôt à des actions volontaires : car les actions font partie des choses particulières, et ces actions particulières sont ici volontaires. Mais quelles sortes de choses doit-on choisir à la place de quelles autres, cela n'est pas aisé à établir, car il existe de multiples diversités dans les actes particuliers.

- *Les choses agréables et nobles ne sont pas des contraintes* – Et si on prétendait que les choses agréables et les choses nobles ont une force contraignante (puisqu'elles agissent sur nous de l'extérieur), toutes les actions seraient à ce compte-là des actions forcées, car c'est en vue de ces satisfactions qu'on accomplit toujours toutes ses actions. De plus, les actes faits par contrainte et involontairement sont accompagnés d'un sentiment de tristesse, tandis que les actes ayant pour fin une chose agréable ou noble sont faits avec plaisir. Il est dès lors ridicule d'accuser les choses extérieures et non pas soi-même, sous prétexte qu'on est facilement capté par leurs séductions, et de ne se considérer soi-même comme cause que des bonnes actions, rejetant la responsabilité des actions honteuses sur la force contraignante du plaisir. Ainsi donc, il apparaît bien que l'acte forcé soit celui qui a son principe hors de nous, sans aucun concours de l'agent qui subit la contrainte.

CHAPITRE 2

Définition de l'acte involontaire accompli par ignorance – (1110b18) L'acte fait par ignorance est toujours non volontaire ; il n'est involontaire que si l'agent en éprouve affliction et repentir. En effet, l'homme qui, après avoir accompli par ignorance une action quelconque, ne ressent aucun déplaisir de son acte, n'a pas agi volontairement, puisqu'il ne savait pas ce qu'il faisait, mais il n'a pas non plus agi involontairement, puisqu'il n'en éprouve aucun chagrin. Les actes faits par ignorance sont dès lors de deux sortes : si l'agent en ressent du repentir, on estime qu'il a agi involontairement ; et s'il ne se repent pas, on pourra dire, pour marquer la distinction avec le cas précédent, qu'il a agi non volontairement ; puisque ce second cas est différent du premier, il est préférable, en effet, de lui donner un nom qui lui soit propre.

Agir « par » ignorance ou « dans » l'ignorance – (1110b24) Il y a aussi, semble-t-il bien, une différence entre agir *par* ignorance et accomplir un acte *dans* l'ignorance : ainsi, l'homme ivre ou l'homme en colère, pense-t-on, agit non par ignorance, mais par l'une des causes que nous venons de mentionner, bien qu'il ne sache pas ce qu'il fait mais se trouve en état d'ignorance. Ainsi donc, tout homme pervers ignore les choses qu'il doit faire et celles qu'il doit éviter, et c'est cette sorte d'erreur qui engendre chez l'homme l'injustice et le vice en général. Mais on a tort de vouloir appliquer l'expression involontaire à une action dont l'auteur est dans l'ignorance de ce qui lui est avantageux. En effet, ce n'est pas l'ignorance dans le choix délibéré qui est cause du caractère involontaire de l'acte (elle est seulement cause de sa perversité), et ce n'est pas non plus l'ignorance des règles générales de conduite (puisqu'une ignorance de ce genre attire le blâme) : [ce qui rend l'action involontaire] c'est l'ignorance des particularités de l'acte, c'est-à-dire de ses circonstances et de son objet, (**1111a1**) car c'est dans ces cas-là que s'exercent la pitié et l'indulgence, parce que celui qui est dans l'ignorance de quelqu'un de ces facteurs agit involontairement.

Analyse des cas particuliers – (1111a3) Dans ces conditions, il n'est peut-être pas sans intérêt de déterminer quels sont la nature et le nombre de ces particularités. Ces dernières concernent : l'agent lui-même ; l'acte ; la personne ou la chose objet de l'acte ; quelquefois encore ce par quoi l'acte est fait (c'est-à-dire l'instrument) ; le résultat qu'on en attend (par exemple, sauver la vie d'un homme) ; la façon enfin dont il est accompli (doucement, par exemple, ou avec force). Ces différentes circonstances, personne, à moins d'être fou, ne saurait les ignorer toutes à la fois ; il est évident aussi que l'ignorance ne peut pas non plus porter sur l'agent, car comment s'ignorer soi-même ? Par contre, l'ignorance peut porter sur l'acte, comme, par exemple, quand on dit : « cela leur a échappé en parlant ou ils ne savaient pas qu'il s'agissait de choses secrètes », comme Eschyle le dit des Mystères, ou « voulant seulement faire une démonstration, il a lâché le trait », comme le disait l'homme affecté à une catapulte[37]. On peut aussi prendre son propre fils pour un ennemi, comme Mérope, ou une lance acérée pour une lance mouchetée, ou une pierre ordinaire pour une pierre ponce, ou encore, avec l'intention de lui sauver la vie, tuer quelqu'un en lui donnant une potion, ou en voulant le toucher légèrement, comme dans la lutte à main plate, le frapper pour de bon.

L'acte accompli par ignorance doit être accompagné de repentir et de chagrin – (1111a16) L'ignorance pouvant dès lors porter sur toutes ces circonstances au sein desquelles l'action se produit, l'homme qui a ignoré l'une d'entre elles est regardé comme ayant agi involontairement, surtout si son ignorance porte sur les plus importantes ; et parmi les plus importantes sont, semble-t-il, celles qui tiennent à l'acte lui-même et au résultat qu'on espérait. Telle est donc la sorte d'ignorance qui permet d'appeler un acte involontaire, mais encore faut-il que cet acte soit accompagné, chez son auteur, d'affliction et de repentir.

CHAPITRE 3

Définition de l'acte volontaire ou consenti – (1111a21) Étant donné que ce qui est fait sous la contrainte ou par ignorance est involontaire, l'acte volontaire semblerait être celui dont le principe réside dans l'agent lui-même, connaissant les circonstances particulières au sein desquelles son action se produit. Sans doute, en effet, est-ce à tort que l'on appelle involontaires les actes faits par impulsivité ou par concupiscence. D'abord, à ce compte-là, on ne pourrait plus dire qu'un animal agit de son plein gré, ni non plus un enfant. Ensuite, est-ce que nous n'accomplissons jamais

[37] Du temps des Grecs, la catapulte désignait une machine qui tire des flèches (ou traits) ; plus tard, la catapulte sera aussi utilisée pour lancer des pierres et d'autres projectiles.

volontairement les actes qui sont dus à la concupiscence ou à l'impulsivité, ou bien serait-ce que les bonnes actions sont faites volontairement, et les actions honteuses involontairement ? Une telle assertion n'est-elle pas ridicule, alors qu'une seule et même personne est la cause des unes comme des autres. Mais sans doute est-il absurde de décrire comme involontaires ce que nous avons le devoir de désirer : or, nous avons le devoir, à la fois de nous emporter dans certains cas, et de ressentir de l'appétit pour certaines choses, par exemple pour la santé et l'étude. D'autre part, on admet que les actes involontaires s'accompagnent d'affliction, et les actes faits par concupiscence, de plaisir. En outre, quelle différence y a-t-il, sous le rapport de leur nature involontaire, entre les erreurs commises par calcul, et celles commises par impulsivité ? (**1111b1**) On doit éviter les unes comme les autres, et il nous semble aussi que les passions irrationnelles ne relèvent pas moins de l'humaine nature, de sorte que les actions qui procèdent de l'impulsivité ou de la concupiscence appartiennent aussi à l'homme qui les accomplit. Il est dès lors absurde de poser ces actions comme involontaires.

CHAPITRE 4

Définition du choix préférentiel ou de la décision – (1111b4) Après avoir défini à la fois l'acte volontaire et l'acte involontaire, nous devons ensuite traiter en détail du choix préférentiel : car cette notion semble bien être étroitement apparentée à la vertu, et permettre, mieux que les actes, de porter un jugement sur le caractère de quelqu'un.

Le choix ou la décision ne peut être que volontaire – (1111b7) Ainsi donc, le choix est manifestement quelque chose de volontaire, tout en n'étant pas cependant identique à l'acte volontaire, lequel a une plus grande extension. En effet, tandis qu'à l'action volontaire enfants et animaux ont part, il n'en est pas de même pour le choix ; et les actes accomplis spontanément, nous pouvons bien les appeler volontaires, mais non pas dire qu'ils sont faits par choix.

(1111b11) Ceux qui prétendent que le choix est un appétit, ou une impulsivité, ou un souhait, ou une forme de l'opinion, soutiennent là, semble-t-il, une vue qui n'est pas correcte.

Ce que n'est pas le choix ou la décision – (1111b11) En effet, le choix n'est pas une chose commune à l'homme et aux êtres dépourvus de raison, à la différence de ce qui a lieu pour la concupiscence et l'impulsivité. De plus, l'homme intempérant agit par concupiscence, mais non par choix, tandis que l'homme maître de lui, à l'inverse, agit par choix et non par concupiscence. En outre, un appétit peut être contraire à un choix, mais non à un autre appétit. Enfin, l'appétit relève du plaisir et de la peine, tandis que le choix ne relève ni de la peine, ni du plaisir.

(1111b18) Encore moins peut-on dire que le choix est une impulsion, car les actes dus à l'impulsivité semblent être tout ce qu'il y a de plus étranger à ce qu'on fait par choix. Mais le choix n'est certainement pas non plus un souhait, bien qu'il en soit visiblement fort voisin. Il n'y a pas de choix, en effet, des choses impossibles, et si on prétendait faire porter son choix sur elles on passerait pour insensé ; au contraire, il peut y avoir souhait des choses impossibles, par exemple de l'immortalité. Par ailleurs, le souhait peut porter sur des choses qu'on ne saurait d'aucune manière mener à bonne fin par soi-même, par exemple faire que tel acteur ou tel athlète remporte la victoire ; au contraire, le choix ne s'exerce jamais sur de pareilles choses, mais seulement sur celles qu'on pense pouvoir produire par ses propres moyens. En outre, le souhait porte plutôt sur la fin, et le choix sur les moyens pour parvenir à la fin : par exemple, nous souhaitons être en bonne santé, mais nous choisissons les moyens qui nous feront être en bonne santé ; nous pouvons dire encore que nous souhaitons d'être heureux, mais il est inexact de dire que nous choisissons de l'être : car, d'une façon générale, le choix porte, selon toute apparence, sur les choses qui dépendent de nous.

(1111b31) On ne peut pas non plus dès lors identifier le choix à l'opinion. L'opinion, en effet, semble-t-il bien, a rapport à toute espèce d'objets, et non moins aux choses éternelles ou impossibles qu'aux choses qui sont dans notre dépendance ; elle se divise selon le vrai et le faux, et non selon le bien et le mal, tandis que le choix, c'est plutôt selon le bien et le mal qu'il se partage.

(1112a1) À l'opinion prise en général, personne sans doute ne prétend identifier le choix ; mais le choix ne peut davantage s'identifier avec une certaine sorte d'opinion. En effet, c'est le choix que nous faisons de ce qui est bien ou de ce qui est mal qui détermine la qualité de notre personne morale, et nullement nos opinions. Et tandis que nous choisissons de saisir ou de fuir quelque bien ou quelque mal, nous opinons sur la nature d'une chose, ou sur la personne à qui cette chose est utile, ou enfin sur la façon de s'en servir, mais on peut difficilement dire que nous avons l'opinion de saisir ou de fuir quelque chose. En outre, le choix est loué plutôt parce qu'il s'exerce sur un objet conforme au devoir qu'en raison de sa propre rectitude à l'égard de cet objet ; pour l'opinion, au contraire, c'est parce qu'elle est dans un rapport véridique avec l'objet. Et nous choisissons les choses que nous savons, de la science la plus certaine, être bonnes, tandis que nous avons des opinions sur ce que nous ne savons qu'imparfaitement. Enfin, il apparaît que ce ne sont pas les mêmes personnes qui à la fois pratiquent les meilleurs choix et professent les meilleures opinions ; certaines gens ont d'excellentes opinions, mais par perversité choisissent de faire ce qui est illicite. Que l'opinion précède le choix ou l'accompagne, peu importe ici : ce n'est pas ce point que nous examinons, mais s'il y a identité du choix avec quelque genre d'opinion.

Le choix présuppose le prédélibéré ou la délibération – (1112a12) Qu'est-ce donc alors que le choix, ou quelle sorte de chose est-ce, puisqu'il n'est rien de tout ce que nous venons de dire ? Il est manifestement une chose volontaire, mais tout ce qui est volontaire n'est pas objet de choix. Ne serait-ce pas, en réalité, le prédélibéré ? Le choix, en effet, s'accompagne de raison et de pensée discursive. Et même son appellation semble donner à entendre que c'est ce qui a été choisi avant d'autres choses.

CHAPITRE 5

Les objets de la délibération – (1112a18) Est-ce qu'on délibère sur toutes choses ? Autrement dit est-ce que toute chose est objet de délibération, ou bien y a-t-il certaines choses à propos desquelles il n'y a pas délibération ? Nous devons sans doute appeler un objet de délibération non pas ce sur quoi délibérerait un imbécile ou un fou, mais ce sur quoi peut délibérer un homme sain d'esprit. Or, sur les entités éternelles, il n'y a jamais de délibération : par exemple, l'ordre du Monde ou l'incommensurabilité de la diagonale avec le côté du carré. Il n'y a pas davantage de délibération sur les choses qui sont en mouvement mais se produisent toujours de la même façon soit par nécessité, soit par nature, soit par quelque autre cause : tels sont, par exemple, les solstices et le lever des astres. Il n'existe pas non plus de délibération sur les choses qui arrivent tantôt d'une façon, tantôt d'une autre, par exemple les sécheresses et les pluies, ni sur les choses qui arrivent par fortune, par exemple la découverte d'un trésor. Bien plus, la délibération ne porte même pas sur toutes les affaires humaines sans exception : ainsi, aucun Lacédémonien ne délibère sur la meilleure forme de gouvernement pour les Scythes. C'est qu'en effet rien de tout ce que nous venons d'énumérer ne pourrait être produit par nous. Mais nous délibérons sur les choses qui dépendent de nous et que nous pouvons réaliser ; et ces choses-là sont, en fait, tout ce qui reste, car on met communément au rang des causes, nature, nécessité et fortune, et on y ajoute l'intellect et toute action dépendant de l'homme. Et chaque classe d'hommes délibère sur les choses qu'ils peuvent réaliser par eux-mêmes.

On délibère sur ce qui peut se changer ou sur ce qui dépend de nous – (1112a35) Dans le domaine des sciences, celles qui sont précises et **(1112b1)** pleinement constituées ne laissent pas place à la délibération : par exemple en ce qui concerne les lettres de l'alphabet, car nous n'avons aucune incertitude sur la façon de les écrire. Par contre, tout ce qui arrive par nous et dont le résultat n'est pas toujours le même, voilà ce qui fait l'objet de nos délibérations : par exemple, les questions de médecine ou d'affaires d'argent. Et nous délibérons davantage sur la navigation que sur la gymnastique, vu que la navigation a été étudiée d'une façon moins approfondie, et ainsi de suite pour le reste. De même nous délibérons davantage sur les arts que sur les sciences, car nous sommes à leur sujet dans une plus grande incertitude. La délibération a lieu dans les choses qui, tout en se produisant avec fréquence, demeurent incertaines dans leur aboutissement, ainsi que là où l'issue est indéterminée. Et nous nous faisons assister d'autres personnes pour délibérer sur les questions importantes, nous défiant de notre propre insuffisance à discerner ce qu'il faut faire.

Délibérer sur les fins et les moyens – (1112b12) Nous délibérons non pas sur les fins elles-mêmes, mais sur les moyens d'atteindre les fins. Un médecin ne se demande pas s'il doit guérir son malade, ni un orateur s'il entraînera la persuasion, ni un politicien s'il établira de bonnes lois, et dans les autres domaines on ne délibère jamais non plus sur la fin à atteindre.

(1112b17) Mais, une fois qu'on a posé la fin, on examine comment et par quels moyens elle se réalisera ; et s'il apparaît qu'elle peut être produite par plusieurs moyens, on cherche lequel entraînera la réalisation la plus facile et la meilleure. Si, au contraire, la fin ne s'accomplit que par un seul moyen, on considère comment par ce moyen elle sera réalisée, et ce moyen à son tour par quel moyen il peut l'être lui-même, jusqu'à ce qu'on arrive à la cause immédiate, laquelle, dans l'ordre de la découverte, est dernière. En effet, quand on délibère, on semble procéder, dans la recherche et l'analyse dont nous venons de décrire la marche, comme dans la construction d'une figure (s'il est manifeste que toute recherche n'est pas une délibération, par exemple l'investigation en mathématiques, par contre toute délibération est une recherche), et ce qui vient en dernier dans l'analyse est premier dans l'ordre de la génération. Si on se heurte à une impossibilité, on abandonne la recherche, par exemple s'il nous faut de l'argent et qu'on ne peut pas s'en procurer ; si au contraire une chose apparaît possible, on essaie d'agir. […]

(1112b30) L'objet de nos recherches c'est tantôt l'instrument lui-même, tantôt son utilisation. Il en est de même dans les autres domaines : c'est tantôt l'instrument, tantôt la façon de s'en servir, autrement dit par quel moyen.

Les limites de la délibération – (1112b32) Il apparaît ainsi, comme nous l'avons dit, que l'homme est principe de ses actions et que la délibération porte sur les choses qui sont réalisables par l'agent lui-même ; et nos actions tendent à d'autres fins qu'elles-mêmes. En effet, la fin ne saurait être un objet de délibération, mais seulement les moyens en vue de la fin. Mais il faut exclure aussi les choses particulières, par exemple si ceci est du pain, (**1113a1**) ou si ce pain a été cuit comme il faut, car ce sont là matières à sensation. Et si on devait toujours délibérer, on irait à l'infini.

(1113a3) L'objet de la délibération et l'objet du choix sont identiques, sous cette réserve que lorsqu'une chose est choisie, elle a déjà été déterminée puisque c'est la chose jugée préférable à la suite de la délibération qui est choisie. En effet, chacun cesse de rechercher comment il agira quand il a ramené à lui-même le principe de son acte, et à la partie directrice de lui-même, car c'est cette partie qui choisit. […]

Le choix est un désir – (1113a9) L'objet du choix étant, parmi les choses en notre pouvoir, un objet de désir sur lequel on a délibéré, le choix sera un désir délibératif des choses qui dépendent de nous, car, une fois que nous avons décidé à la suite d'une délibération, nous désirons alors conformément à notre délibération.

CHAPITRE 6

La meilleure fin dépend-elle du bien apparent ou réel ? – (1113a15) Ainsi donc, nous pouvons considérer avoir décrit le choix dans ses grandes lignes, déterminé la nature de ses objets et établi qu'il s'applique aux moyens conduisant à la fin. Passons au souhait. Qu'il ait pour objet la fin elle-même, nous l'avons déjà indiqué ; mais tandis qu'aux yeux de certains son objet est le bien véritable, pour d'autres, au contraire, c'est le bien apparent. Mais ceux pour qui le bien véritable est l'objet du souhait en arrivent logiquement à ne pas reconnaître pour objet de souhait ce que souhaite l'homme qui choisit une fin injuste (car si on admettait que c'est là un objet de souhait, on admettrait aussi que c'est une chose bonne ; or, dans le cas supposé, on souhaitait une chose mauvaise). En revanche, ceux pour qui c'est le bien apparent qui est objet de souhait, sont amenés à dire qu'il n'y a pas d'objet de souhait par nature, mais que c'est seulement ce qui semble bon à chaque individu : or, telle chose paraît bonne à l'un, et telle autre chose à l'autre, sans compter qu'elles peuvent même, le cas échéant, être en opposition.

Le bien véritable pour l'honnête homme – (1113a23) Si ces conséquences ne sont guère satisfaisantes, ne doit-on pas dire que, dans l'absolu et selon la vérité, c'est le bien réel qui est l'objet du souhait, mais que pour chacun de nous, c'est ce qui lui apparaît comme tel? Que, par conséquent, pour l'honnête homme, c'est ce qui est véritablement un bien, tandis que pour le méchant, c'est tout ce qu'on voudra? N'en serait-il pas comme dans le cas de notre corps: un organisme en bon état trouve salutaire ce qui est véritablement tel, alors que, pour un organisme débilité, ce sera autre chose qui sera salutaire; et il en serait de même pour les choses amères, douces, chaudes, pesantes, et ainsi de suite dans chaque cas? En effet, l'homme de bien juge toutes choses avec rectitude, et toutes lui apparaissent comme elles sont véritablement. C'est que, à chacune des dispositions de notre nature, il y a des choses bonnes et agréables qui lui sont appropriées; et, sans doute, ce qui distingue principalement l'homme de bien, c'est qu'il perçoit en toutes choses la vérité qu'elles renferment, étant pour elles en quelque sorte une règle et une mesure. Chez la plupart des hommes, au contraire, l'erreur semble bien avoir le plaisir pour cause, car, tout en n'étant pas un bien, il en a l'apparence; aussi choisissent-ils ce qui est agréable (**1113b1**) comme étant un bien, et évitent-ils ce qui est pénible comme étant un mal.

CHAPITRE 7

La vertu dépend aussi de nous – (1113b3) La fin étant ainsi objet de souhait, et les moyens pour atteindre la fin, objets de délibération et de choix, les actions concernant ces moyens seront faites par choix et seront volontaires; or, l'activité vertueuse a rapport aux moyens; par conséquent, la vertu dépend aussi de nous. Mais il en est également ainsi pour le vice. En effet, là où il dépend de nous d'agir, il dépend de nous aussi de ne pas agir, et là où il dépend de nous de dire non, il dépend aussi de nous de dire oui; par conséquent, si agir, quand l'action est bonne, dépend de nous, ne pas agir, quand l'action est honteuse, dépendra aussi de nous; et si ne pas agir, quand l'abstention est bonne, dépend de nous, agir, quand l'action est honteuse, dépendra aussi de nous. Mais s'il dépend de nous d'accomplir les actions bonnes et les actions honteuses, et de même encore de ne pas les accomplir, et si c'est là essentiellement, disions-nous, être bons ou mauvais, il en résulte qu'il est également en notre pouvoir d'être intrinsèquement vertueux ou vicieux.

Aristote est en accord et en désaccord avec la fameuse maxime de Socrate – (1113b14) La maxime suivant laquelle : « Nul n'est volontairement pervers, ni malgré soi bienheureux » est, semble-t-il, partiellement vraie et partiellement fausse. Si personne, en effet, n'est bienheureux à contrecœur, la perversité par contre est bien volontaire. Ou alors, il faut remettre en question ce que nous avons déjà soutenu, et refuser à l'homme d'être principe et générateur de ses actions, comme il l'est de ses enfants. Mais s'il est manifeste que l'homme est bien l'auteur de ses propres actions et si nous ne pouvons pas ramener nos actions à d'autres principes que ceux qui sont en nous, alors les actions dont les principes sont en nous dépendent elles-mêmes de nous et sont volontaires.

Tant les particuliers que les dirigeants sont d'accord – (1113b23) En faveur de ces considérations, on peut, semble-t-il, appeler en témoignage à la fois le comportement des individus dans leur vie privée et la pratique des législateurs eux-mêmes : on châtie, en effet, et on oblige à réparation ceux qui commettent des actions perverses, à moins qu'ils n'aient agi sous la contrainte ou par une ignorance dont ils ne sont pas eux-mêmes causes ; et, par ailleurs, on honore ceux qui accomplissent de bonnes actions, et on pense ainsi encourager ces derniers et réprimer les autres. [...]

Celui qui est responsable de son ignorance est punissable – (1113b30) Et, en effet, nous punissons quelqu'un pour son ignorance, même si nous le tenons pour responsable de son ignorance, comme par exemple dans le cas d'ébriété où les pénalités des délinquants sont doublées, puisque le principe de l'acte réside dans l'agent lui-même, qui était maître de ne pas s'enivrer et qui est ainsi responsable de son ignorance. On punit également ceux qui sont dans l'ignorance de quelqu'une de ces dispositions légales dont la connaissance est obligatoire et ne présente aucune difficulté. Et nous agissons de même (**1114a1**) toutes les autres fois où l'ignorance nous paraît résulter de la négligence, dans l'idée qu'il dépend des intéressés de ne pas demeurer dans l'ignorance, étant maîtres de s'appliquer à s'instruire.

Les hommes sont personnellement responsables de leur caractère – (1114a4) Mais sans doute, dira-t-on, un pareil homme est fait de telle sorte qu'il est incapable de toute application. Nous répondons qu'en menant une existence relâchée les hommes sont personnellement responsables d'être devenus eux-mêmes relâchés ou d'être devenus injustes ou intempérants, dans le premier cas en agissant avec perfidie et dans le second en passant leur vie à boire ou à commettre des excès analogues : en effet, c'est par l'exercice des actions particulières qu'ils acquièrent un caractère du même genre qu'elles. On peut s'en rendre compte en observant ceux qui s'entraînent en vue d'une compétition ou d'une activité quelconque : tout leur temps se passe en exercices. Aussi, se refuser à reconnaître que c'est à l'exercice de telles actions particulières que sont dues les dispositions de notre caractère est le fait d'un esprit singulièrement étroit. En outre, il est absurde de supposer que l'homme qui commet des actes d'injustice ou d'intempérance ne souhaite pas être injuste ou intempérant ; et si, sans avoir l'ignorance pour excuse, on accomplit des actions qui auront pour conséquence de nous rendre injuste, c'est volontairement qu'on sera injuste. Il ne s'ensuit pas cependant qu'un simple souhait suffira pour cesser d'être injuste et pour être juste, pas plus que ce n'est ainsi que le malade peut recouvrer la santé, quoiqu'il puisse arriver qu'il soit malade volontairement en menant une vie intempérante et en désobéissant à ses médecins : c'est au début qu'il lui était alors possible de ne pas être malade, mais une fois qu'il s'est laissé aller, cela ne lui est plus possible, de même que, si vous avez lâché une pierre, vous n'êtes plus capable de la rattraper, mais pourtant il dépendait de vous de la jeter et de la lancer, car le principe de votre acte était en vous. Ainsi en est-il pour l'homme injuste ou intempérant : au début, il leur était possible de ne pas devenir tels, et c'est ce qui fait qu'ils le sont volontairement ; et maintenant qu'ils le sont devenus, il ne leur est plus possible de ne pas l'être.

L'influence des mauvaises habitudes sur le corps – (1114a23) Et, non seulement les vices de l'âme sont volontaires, mais ceux du corps le sont aussi chez certains hommes, lesquels encourent pour cela le blâme de notre part. Aux hommes qui sont laids par nature, en effet, nous n'adressons aucun reproche, tandis que nous blâmons ceux qui le sont par défaut d'exercice et de soin. Même observation en ce qui concerne la faiblesse ou l'infirmité corporelle : on ne fera jamais grief à quelqu'un d'être aveugle de naissance ou à la suite d'une maladie ou d'une blessure, c'est plutôt de la pitié qu'on ressentira ; par contre, chacun blâmera celui qui devient aveugle par l'abus du vin ou par une autre forme d'intempérance. Ainsi donc, parmi les vices du corps, ce sont ceux qui sont sous notre dépendance qui encourent le blâme, à l'exclusion de ceux qui ne dépendent pas de nous. Mais, s'il en est ainsi, dans les autres cas également les vices qui nous sont reprochés doivent aussi être des vices qui dépendent de nous.

Chacun est responsable de sa mauvaise conduite – (1114a31) Objectera-t-on que tous les hommes ont en vue le bien qui leur apparaît comme tel, mais qu'on n'est pas maître de ce que telle chose nous apparaît comme bonne, et que le tempérament de chacun détermine la façon dont la fin lui apparaît. (1114b1) À cela nous répliquons que si chacun est en un sens cause de ses propres dispositions, il sera aussi en un sens cause de l'apparence, sinon personne n'est responsable de sa mauvaise conduite ; mais c'est par ignorance de la fin qu'il accomplit ses actions, pensant qu'elles lui procureront le bien le plus excellent ; et la poursuite de la fin n'est pas ainsi l'objet d'un choix personnel, mais exige qu'on soit né, pour ainsi dire, avec un oeil qui nous permettra de juger sainement et de choisir le bien véritable, et on est bien doué quand la nature s'est montrée libérale pour nous à cet égard (c'est là, en effet, le plus grand et le plus beau des dons, et qu'il n'est pas possible de recevoir ou d'apprendre d'autrui, mais qu'on possédera tel qu'on l'a reçu en naissant, et le fait d'être heureusement et noblement doué par la nature sur ce point constituera, au sens complet et véritable, un bon naturel). Si, dès lors, ces considérations sont vraies, en quoi la vertu sera-t elle plus volontaire que le vice ? Dans les deux cas la situation est la même pour l'homme bon comme pour le méchant, la fin apparaît et se trouve posée par nature ou de la façon que l'on voudra, et c'est en se référant pour tout le reste à cette fin qu'ils agissent en chaque cas. Qu'on admette donc que pour tout homme, la vue qu'il a de sa fin, quelle que soit cette fin, ne lui est pas donnée par la nature, mais qu'elle est due en partie à lui-même, ou qu'on admette que la fin est bien donnée par la nature, mais que l'homme de bien accomplissant tout le reste volontairement, la vertu demeure volontaire : dans un cas comme dans l'autre, il n'en est pas moins vrai que le vice sera volontaire comme la vertu, puisque le méchant, tout comme l'homme de bien, est cause par lui-même de ses actions, même s'il n'est pas cause de la fin. Si donc, comme il est dit, nos vertus sont volontaires (et, en fait, nous sommes bien nous-mêmes, dans une certaine mesure, partiellement causes de nos propres dispositions, et, d'autre part, c'est la nature même de notre caractère qui nous fait poser telle ou telle fin), nos vices aussi seront volontaires, car le cas est le même. [...]

CHAPITRE 11

Le courage civique et le suicide – (1116a10) Par conséquent, ainsi que nous l'avons dit, le courage est un juste milieu par rapport aux choses qui inspirent confiance et à celles qui inspirent de la crainte, dans les circonstances que nous avons indiquées ; et il choisit ou endure ces choses parce qu'il est noble de le faire, ou parce qu'il est honteux de ne pas le faire. Or, mourir pour échapper à la pauvreté ou à des chagrins d'amour, ou à quelque autre souffrance, c'est le fait non d'un homme courageux, mais bien plutôt d'un lâche ; c'est, en effet, un manque d'énergie que de fuir les tâches pénibles, et on endure la mort non pas parce qu'il est noble d'agir ainsi, mais pour échapper à un mal. [...]

En premier lieu vient le courage civique car c'est lui qui ressemble le plus au courage proprement dit. Le citoyen, en effet, paraît supporter les dangers à cause des pénalités provenant de la loi, des récriminations ou des honneurs. Et pour cette raison les peuples les plus courageux sont apparemment ceux chez lesquels les lâches sont voués au mépris, et les braves à l'estime publique. Ce sont des hommes courageux de ce type que dépeint Homère sous les traits de Diomède et d'Hector. [...]

CHAPITRE 14

La tempérance – (1119a11) Quant à l'homme modéré, il se tient dans un juste milieu à cet égard. Car il ne prend pas plaisir aux choses qui séduisent le plus l'homme déréglé (elles lui répugnent plutôt), ni généralement à toutes les choses qu'on ne doit pas rechercher, ni à rien de ce genre d'une manière excessive, pas plus qu'il ne ressent de peine ou de plaisir à leur absence (sinon d'une façon mesurée), ni plus qu'on ne doit, ni au moment où il ne faut pas, ni en général rien de tel. Par contre, toutes les choses qui, étant agréables, favorisent la santé ou le bon état du corps, ces choses-là il y aspirera d'une façon modérée et convenable, ainsi que tous les autres plaisirs qui ne sont pas un obstacle aux fins que nous venons de dire, ou contraires à ce qui est noble, ou enfin au-dessus de ses moyens. L'homme qui dépasse ces limites aime les plaisirs de ce genre plus qu'ils ne le méritent ; mais l'homme modéré n'est rien de tel, il se comporte envers les plaisirs comme la droite règle le demande. [...]

LIVRE IV
LES DIFFÉRENTES VERTUS MORALES

CHAPITRE 2

La libéralité ou générosité – (1120b27) Par conséquent, si la libéralité est un juste milieu en ce qui touche l'action de donner et d'acquérir de l'argent, l'homme libéral à la fois donnera et dépensera pour les choses qui conviennent et dans la mesure qu'il faut, de même dans les petites choses et dans les grandes, et tout cela avec plaisir ; d'autre part, il ne prendra qu'à des sources licites et dans une mesure convenable. En effet, la vertu étant un juste milieu ayant rapport à la fois à ces deux sortes d'opérations, pour chacune d'elles l'activité de l'homme libéral sera comme elle doit être : car le fait de prendre de la façon indiquée va toujours de pair avec le fait de donner équitablement, alors que le fait de prendre d'une autre façon lui est au contraire opposé. [...]

CHAPITRE 5

La magnificence – (1122b19) La magnificence résulte des dépenses dont la qualité est pour nous du plus haut prix : ce seront, par exemple, celles qui concernent les dieux, comme les offrandes votives, les édifices, les sacrifices ; pareillement celles qui touchent à tout ce qui présente un caractère religieux ou encore celles qu'on ambitionne de faire pour l'intérêt public, comme l'obligation dans certains endroits d'organiser un chœur avec faste, ou d'équiper une trirème ou même d'offrir un repas civique. Mais, dans tous ces cas, comme nous l'avons dit, on doit apprécier la dépense par référence à l'agent lui-même, c'est-à-dire se demander à quelle personnalité on a affaire et de quelles ressources il dispose : car la dépense doit répondre dignement aux moyens, et être en convenance non seulement avec l'œuvre projetée, mais encore avec son exécutant. C'est pourquoi un homme pauvre ne saurait être magnifique, parce qu'il ne possède pas les moyens de faire de grandes dépenses d'une manière appropriée, et toute tentative en ce sens est un manque de jugement, car il dépense au-delà de ce qu'on attend de lui et de ce à quoi il est tenu, alors que l'acte conforme à la vertu est celui qui est fait comme il doit l'être. Mais les dépenses de magnificence conviennent à ceux qui sont en possession des moyens appropriés, provenant soit de leur propre travail, soit de leurs ancêtres, soit de leurs relations ou encore aux personnes de haute naissance, ou aux personnages illustres, et ainsi de suite, car toutes ces distinctions emportent grandeur et prestige. Tel est donc avant tout l'homme magnifique, et la magnificence se montre dans les dépenses de ce genre, ainsi que nous l'avons dit, car ce sont les plus considérables et les plus honorables. Parmi les grandes dépenses d'ordre privé, citons celles qui n'ont lieu qu'une fois, par exemple (**1123a1**) un mariage ou un événement analogue, et ce qui intéresse la cité tout entière ou les personnes de rang élevé ; ou encore pour la réception ou le départ d'hôtes étrangers, ainsi que dons et rémunérations. Le magnifique, en effet, ne dépense pas pour lui-même, mais dans l'intérêt commun, et ses dons présentent quelque ressemblance avec les offrandes votives. C'est aussi le fait d'un homme magnifique que de se ménager une demeure en rapport avec sa fortune (car même une belle maison est une sorte de distinction), et ses dépenses devront même porter de préférence sur ces travaux, qui sont destinés à durer (car ce sont les plus nobles), et en chaque occasion il dépensera ce qu'il est séant de dépenser. [...]

CHAPITRE 8

La magnanimité – (1124b32) En outre, l'homme magnanime ne va pas chercher les honneurs ni les places où d'autres occupent le premier rang. Il est lent, il temporise, sauf là où une grave question d'honneur ou une affaire sérieuse sont en jeu; il ne s'engage que dans un petit nombre d'entreprises, mais qui sont d'importance et de renom. Son devoir impérieux est de se montrer à découvert dans ses haines comme dans ses amitiés, la dissimulation étant la marque d'une âme craintive. Il se soucie davantage de la vérité que de l'opinion publique, il parle et agit au grand jour, car le peu de cas qu'il fait des autres lui permet de s'exprimer avec franchise. C'est aussi pour cette raison qu'il aime à dire la vérité, sauf dans les occasions où il emploie l'ironie, quand il s'adresse à la masse. Il est incapable de vivre selon la loi d'autrui sinon celle d'un ami, car c'est là un esclavage, (**1125a1**) et c'est ce qui a fait que les flatteurs sont toujours serviles, et les gens de peu, des flatteurs. Il n'est pas non plus enclin à l'admiration, car rien n'est grand pour lui. Il est sans rancune : ce n'est pas une marque de magnanimité que de conserver du ressentiment, surtout pour les torts qu'on a subis, il vaut mieux les dédaigner. Il n'aime pas non plus les commérages : il ne parlera ni de lui-même ni d'un autre, car il n'a souci ni d'éloge pour lui-même ni de blâme pour les autres, et il n'est pas davantage prodigue de louanges; de là vient qu'il n'est pas mauvaise langue, même quand il s'agit de ses ennemis, sinon par insolence délibérée. Dans les nécessités de la vie ou dans les circonstances insignifiantes, il est l'homme le moins geignard et le moins quémandeur, car c'est prendre les choses trop à cœur que d'agir ainsi dans ces occasions. Sa nature le pousse à posséder les choses belles et inutiles plutôt que les choses profitables et avantageuses : cela est plus conforme à un esprit qui se suffit à soi-même. [...]

En outre, une démarche lente est généralement regardée comme la marque d'un homme magnanime, ainsi qu'une voix grave et un langage posé : l'agitation ne convient pas à qui ne prend à cœur que peu de choses, ni l'excitation à qui pense que rien n'a d'importance; au contraire une voix aiguë et une démarche précipitée sont l'effet d'un tempérament agité et excitable. [...]

CHAPITRE 11

La douceur – (1125b32) L'homme donc qui est en colère pour les choses qu'il faut et contre les personnes qui le méritent, et qui en outre l'est de la façon qui convient, au moment et aussi longtemps qu'il faut, un tel homme est l'objet de notre éloge. Cet homme sera dès lors un homme doux, s'il est vrai que le terme de douceur est pour nous un éloge (car le terme « doux » signifie celui qui reste imperturbable et n'est pas conduit par la passion, mais ne s'irrite que de la façon, pour les motifs et pendant le temps que la raison peut dicter ; il semble toutefois errer plutôt dans le sens du manque, (**1126a1**) l'homme doux n'étant pas porté à la vengeance, mais plutôt à l'indulgence). […]

CHAPITRE 12

L'amabilité – (1126b28) Nous avons dit en termes généraux que l'homme de cette sorte se comportera dans ses rapports avec autrui comme il doit se comporter ; mais c'est en se référant à des considérations d'honnêteté et d'utilité qu'il cherchera à ne pas contrister les autres ou à contribuer à leur agrément, puisqu'il est entendu qu'il s'agit ici de plaisirs et de peines se produisant dans la vie de société ; et, dans les cas où il est déshonorant ou dommageable pour l'homme dont nous parlons de contribuer à l'agrément des autres, il s'y refusera avec indignation et préférera leur causer de la peine. D'autre part, si son approbation apporte à l'auteur de l'acte à son tour un discrédit qui soit d'une importance considérable, ou un tort quelconque, alors que son opposition ne peut lui causer qu'une peine légère, il n'accordera pas son assentiment mais ne craindra pas de déplaire. Et, dans ses relations sociales, il traitera différemment les personnes de rang élevé et les gens du commun, (**1127a1**) ainsi que les personnes qui sont plus ou moins connues de lui ; il aura également égard aux autres distinctions, rendant à chaque classe d'individus ce qui lui est dû. […]

CHAPITRE 13

La franchise – (11217a22) Dans la vie en société, les hommes qui n'ont en vue que de causer du plaisir ou de la peine à ceux qu'ils fréquentent ont déjà été étudiés. Parlons maintenant de ceux qui recherchent pareillement la vérité ou le mensonge dans leurs discours et dans leurs actes, ainsi que dans leurs prétentions. De l'avis général, alors, le vantard est un homme qui s'attribue des qualités susceptibles de lui attirer de la réputation tout en ne les possédant pas, ou encore des qualités plus grandes qu'elles ne sont en réalité ; inversement, le réticent dénie les qualités qu'il possède ou les atténue; enfin, celui qui se tient dans un juste milieu est un homme sans détours sincère à la fois dans sa vie et dans ses paroles, et qui reconnaît l'existence de ses qualités propres, sans y rien ajouter ni retrancher. [...]

CHAPITRE 14

L'enjouement – (1127b33) Comme il y a aussi des moments de repos dans l'existence et qu'une forme de ce repos consiste dans le loisir accompagné d'amusement, dans ce domaine également il semble bien y avoir un certain bon ton des relations sociales, qui détermine quelles sortes de propos il est de notre devoir de tenir (**1128a1**) et comment les exprimer, et aussi quels sont ceux que nous pouvons nous permettre d'entendre. Il y aura à cet égard une différence suivant la qualité des interlocuteurs auxquels nous nous adresserons. On voit que dans ces matières aussi il peut y avoir à la fois excès et défaut par rapport au juste milieu. Ceux qui pèchent par exagération dans la plaisanterie sont considérés comme de vulgaires bouffons, dévorés du désir d'être facétieux à tout prix, et visant plutôt à provoquer le rire qu'à observer la bienséance dans leurs discours et à ne pas contrister la victime de leurs railleries. Ceux, au contraire, qui ne peuvent ni proférer eux-mêmes la moindre plaisanterie ni entendre sans irritation les personnes qui en disent, sont tenus pour des rustres et des grincheux. Quant à ceux qui plaisantent avec bon goût, ils sont ce qu'on appelle des gens d'esprit ou, si l'on veut, des gens à l'esprit alerte car de telles saillies semblent être des mouvements du caractère, et nous jugeons le caractère des hommes comme nous jugeons leur corps, par leurs mouvements. Mais, comme le goût de la plaisanterie est très répandu et que la plupart des gens se délectent aux facéties et aux railleries plus qu'il ne faudrait, même les bouffons se voient gratifiés du nom d'hommes d'esprit et passent pour des gens de bon ton; mais qu'en fait ils diffèrent d'une façon nullement négligeable du véritable homme d'esprit, c'est là une chose qui résulte manifestement de ce que nous venons de dire. [...]

CHAPITRE 15

La modestie ou pudeur – (1128b10) En ce qui concerne la modestie, il ne convient pas d'en parler comme d'une vertu, car elle ressemble plutôt à une affection qu'à une disposition. Quoiqu'il en soit, on la définit comme une sorte de crainte de donner une mauvaise opinion de soi et elle produit des effets analogues à ceux que provoque la crainte du danger : on rougit, en effet, quand on a honte, et on pâlit quand on craint pour sa vie.

Dans un cas comme dans l'autre, il semble donc bien qu'il s'agisse là de quelque chose de corporel en un sens, ce qui, on l'admet communément, est plutôt le fait d'une affection que d'une disposition. L'affection en question ne convient pas à tout âge, mais seulement à la jeunesse. Nous pensons que les jeunes gens ont le devoir d'être modestes, parce que, vivant sous l'empire de la passion, ils commettent beaucoup d'erreurs dont la modestie peut les préserver ; et nous louons les jeunes gens quand ils sont modestes, alors qu'on ne s'aviserait jamais de louer une personne plus âgée de ce qu'elle est sensible à la honte, car nous pensons qu'elle a le devoir de ne rien faire de ce qui peut causer de la honte. [...]

LIVRE V
UNE VERTU MORALE PARTICULIÈRE : LA JUSTICE

CHAPITRE 3
La justice est la plus parfaite des vertus – (1129b26) Cette forme de justice, alors, est une vertu complète, non pas cependant au sens absolu, mais dans nos rapports avec autrui. Voilà pourquoi souvent on considère la justice comme la plus parfaite des vertus, et ni l'étoile du soir, ni l'étoile du matin ne sont aussi admirables. Nous avons encore l'expression proverbiale : « Dans la justice est en somme toute vertu » (Théognis[38]).

Et elle est une vertu complète au plus haut point, parce qu'elle est usage de la vertu complète, et elle est complète parce que l'homme en possession de cette vertu est capable d'en user aussi à l'égard des autres et non seulement pour lui-même : si, en effet, beaucoup de gens sont capables de pratiquer la vertu dans leurs affaires personnelles, dans celles qui, au contraire, intéressent les autres, ils en demeurent incapables. (1130a1) Aussi doit-on approuver la parole de Bias[39] que « le commandement révélera l'homme », car celui qui commande est en rapports avec d'autres hommes, et dès lors est membre d'une communauté. C'est encore pour cette même raison que la justice, seule de toutes les vertus, est considérée comme étant un bien étranger, parce qu'elle a rapport à autrui : elle accomplit ce qui est avantageux à un autre, soit à un chef, soit à un membre de la communauté. Et ainsi l'homme le pire de tous est l'homme qui fait usage de sa méchanceté à la fois envers lui-même et envers ses amis ; et l'homme le plus parfait n'est pas l'homme qui exerce sa vertu seulement envers lui-même, mais celui qui la pratique aussi à l'égard d'autrui, car c'est là une œuvre difficile.

---

[38] Théognis de Mégare (~6e siècle), poète grec.
[39] Bias de Priène, l'un des Sept Sages de l'Antiquité.

Cette forme de justice, alors, n'est pas une partie de la vertu, mais la vertu tout entière, et son contraire, l'injustice, n'est pas non plus une partie du vice, mais le vice tout entier. (Quant à la différence existant entre la vertu et la justice ainsi comprise, elle résulte clairement de ce que nous avons dit : la justice est identique à la vertu, mais sa quiddité n'est pas la même ; en tant que concernant nos rapports avec autrui, elle est justice, et en tant que telle sorte de disposition pure et simple, elle est vertu).

CHAPITRE 4

La justice partielle – (1130a14) Mais ce que nous recherchons, de toute façon, c'est la justice qui est une partie de la vertu puisqu'il existe une justice de cette sorte, comme nous le disons ; et de même pour l'injustice, prise au sens d'injustice particulière. L'existence de cette forme d'injustice est prouvée comme suit : quand un homme exerce son activité dans la sphère des autres vices, il commet certes une injustice tout en ne prenant en rien plus que sa part (par exemple, l'homme qui jette son bouclier par lâcheté, ou qui, poussé par son caractère difficile, prononce des paroles blessantes, ou qui encore refuse un secours en argent par lésinerie) ; quand, au contraire, il prend plus que sa part, souvent son action ne s'inspire d'aucun de ces sortes de vices, encore moins de tous à la fois, et, cependant, il agit par une certaine perversité (puisque nous le blâmons) et par injustice. Il existe donc une autre sorte d'injustice, en tant que partie de l'injustice totale, et un injuste qui est partie de l'injuste total, de cet injuste contraire à la loi. Autre preuve : si un homme commet un adultère en vue du gain et en en retirant un bénéfice, tandis qu'un autre agit ainsi par concupiscence, déboursant même de l'argent et y laissant des plumes, ce dernier semblerait être un homme déréglé plutôt qu'un homme prenant plus que son dû, tandis que le premier est injuste, mais non déréglé ; il est donc évident que ce qui rend ici l'action injuste, c'est qu'elle est faite en vue du gain. Autre preuve encore : tous les autres actes injustes sont invariablement rapportés à quelque forme de vice particulière, par exemple l'adultère au dérèglement, l'abandon d'un camarade de combat à la lâcheté, la violence physique à la colère ; mais si, au contraire, l'action est dictée par l'amour du gain, on ne la rapporte à aucune forme particulière de perversité, mais seulement à l'injustice. [...]

CHAPITRE 5

L'équité ou tout contraire à la loi n'est pas inégal – (1130b6) Par conséquent, s'il existe plusieurs formes de justice, et qu'il y en ait une qui soit distincte et en dehors de la vertu totale, c'est là une chose évidente.

Quelle est-elle et quelle est sa nature, c'est ce que nous devons comprendre.

(1130b8) Nous avons divisé l'injuste entre le contraire à la loi et l'inégal, et le juste entre le conforme à la loi et l'égal. Au contraire à la loi correspond l'injustice au sens indiqué précédemment. Mais puisque l'inégal et le contraire à la loi ne sont pas identiques, mais sont autres, comme une partie est autre que le tout (car tout inégal est contraire à la loi, tandis que tout contraire à la loi n'est pas inégal), l'injuste et l'injustice, au sens particulier, ne sont pas identiques à l'injuste et à l'injustice au sens total, mais sont autres qu'eux, et sont à leur égard comme les parties aux touts (car l'injustice sous cette forme est une partie de l'injustice totale, et de même la justice, de la justice totale) : il en résulte que nous devons traiter à la fois de la justice particulière et de l'injustice particulière, ainsi que du juste et de l'injuste pris en ce même sens. [...]

(1130b21) Quant à la façon dont le juste et l'injuste répondant à ces précédentes notions doivent être distingués à leur tour, c'est là une chose manifeste. (On peut dire, en effet, que la plupart des actes légaux sont ceux qui relèvent de la vertu prise dans sa totalité, puis que la loi nous prescrit une manière de vivre conforme aux diverses vertus particulières et nous interdit de nous livrer aux différents vices particuliers. Et, les facteurs susceptibles de produire la vertu totale sont ceux des actes que la loi a prescrits pour l'éducation de l'homme en société. Quant à l'éducation de l'individu comme tel, qui fait devenir simplement homme de bien, la question se pose de savoir si elle relève de la science politique ou d'une autre science, et c'est là un point que nous aurons à déterminer ultérieurement, car, sans doute, n'est-ce pas la même chose d'être un homme de bien et d'être un bon citoyen de quelque État.)

La justice distributive et la justice corrective (résumé) – (1130b30) De la justice particulière et du juste qui y correspond une première espèce est celle qui intervient dans la distribution des honneurs ou des richesses, ou des autres avantages qui se répartissent entre les membres de la communauté politique (car dans ces avantages il est possible que l'un des membres ait une part ou inégale, ou égale à celle d'un autre), et une seconde espèce est celle (**1131a1**) qui réalise la rectitude dans les transactions privées. Cette justice corrective comprend elle-même deux parties ; les transactions privées, en effet, sont les unes volontaires, et les autres involontaires : sont volontaires les actes tels qu'une vente, un achat, un prêt de consommation, une caution, un prêt à usage, un dépôt, une location (ces actes sont dits volontaires parce que le fait qui est à l'origine de ces transactions est volontaire) ; des actes involontaires, à leur tour, les uns sont clandestins, tels que vol, adultère, empoisonnement, prostitution, corruption d'esclave, assassinat par ruse, faux témoignage ; les autres sont violents, tels que voies de fait, séquestration, meurtre, vol à main armée, mutilation, diffamation, outrage.

CHAPITRE 6

La justice distributive vise l'équité – (1131a10) Et puisque, à la fois, l'homme injuste est celui qui manque à l'égalité et que l'injuste est inégal, il est clair qu'il existe aussi quelque moyen entre ces deux sortes d'inégalité. Or, ce moyen est l'égal, car en toute espèce d'action admettant le plus et le moins il y a aussi l'égal. Par conséquent, si l'injuste est inégal, le juste est égal, et c'est là, sans autre raisonnement, une opinion unanime. Et puisque l'égal est moyen, le juste sera un certain moyen. Or, l'égal suppose au moins deux termes. Il s'ensuit nécessairement, non seulement que le juste est à la fois moyen, égal, et aussi relatif, c'est-à-dire juste pour certaines personnes, mais aussi qu'en tant que moyen, il se situe entre certains extrêmes (qui sont le plus et le moins), qu'en tant qu'égal, il suppose deux choses qui sont égales, et qu'en tant que juste, il suppose certaines personnes pour lesquelles il est juste. Le juste implique donc nécessairement au moins quatre termes : les personnes pour lesquelles il se trouve en fait juste, et qui sont deux, et les choses dans lesquelles il se manifeste, au nombre de deux également. Et ce sera la même égalité pour les personnes et pour les choses, car le rapport qui existe entre ces dernières, à savoir les choses à partager, est aussi celui qui existe entre les personnes. Si, en effet, les personnes ne sont pas égales, elles n'auront pas des parts égales ; mais les contestations et les plaintes naissent quand, étant égales, les personnes possèdent ou se voient attribuer des parts non égales, ou quand, les personnes n'étant pas égales, leurs parts sont égales. On peut encore montrer cela en s'appuyant sur le fait qu'on tient compte de la valeur propre des personnes. Tous les hommes reconnaissent, en effet, que la justice dans la distribution doit se baser sur un mérite de quelque sorte, bien que tous ne désignent pas le même mérite, les démocrates le faisant consister dans une condition libre, les partisans de l'oligarchie, soit dans la richesse, soit dans la noblesse de race, et les défenseurs de l'aristocratie, dans la vertu. Le juste est, par suite, une sorte de proportion. [...]

CHAPITRE 7

Le juste respecte la proportion – (1131b17) Le juste en question est ainsi la proportion, et l'injuste ce qui est en dehors de la proportion.

L'injuste peut donc être soit le trop, soit le trop peu, et c'est bien là ce qui se produit effectivement, puisque celui qui commet une injustice a plus que sa part du bien distribué, et celui qui la subit moins que sa part. S'il s'agit du mal, c'est l'inverse : car le mal moindre comparé au mal plus grand fait figure de bien, puisque le mal moindre est préférable au mal plus grand ; or, ce qui est préférable est un bien, et ce qui est préféré davantage, un plus grand bien. Voilà donc une première espèce du juste.

La justice corrective selon la proportion arithmétique – (1131b25) Une autre, la seule restante, est le juste correctif, qui intervient dans les transactions privées, soit volontaires, soit involontaires. Cette forme du juste a un caractère spécifique différent de la précédente. En effet, le juste distributif des biens possédés en commun s'exerce toujours selon la proportion dont nous avons parlé (puisque si la distribution s'effectue à partir de richesses communes, elle se fera dans la même proportion qui a présidé aux apports respectifs des membres de la communauté, et l'injuste opposé à cette forme du juste est ce qui est en dehors de ladite proportion). Au contraire, le juste, dans les transactions privées, tout en étant une sorte d'égal, et l'injuste une sorte d'inégal, n'est cependant pas l'égal selon la proportion de tout à l'heure, (**1132a1**) mais selon la proportion arithmétique. Peu importe, en effet, que ce soit un homme de bien qui ait dépouillé un malhonnête homme, ou un malhonnête homme un homme de bien, ou encore qu'un adultère ait été commis par un homme de bien ou par un malhonnête homme : la loi n'a égard qu'au caractère distinctif du tort causé, et traite les parties à égalité, se demandant seulement si l'une a commis, et l'autre subi, une injustice, ou si l'une a été l'auteur et l'autre la victime d'un dommage. Par conséquent, cet injuste dont nous parlons, qui consiste dans une inégalité, le juge s'efforce de l'égaliser : en effet, quand l'un a reçu une blessure et que l'autre est l'auteur de la blessure, ou quand l'un a commis un meurtre et que l'autre a été tué, la passion et l'action ont été divisées en parties inégales ; mais le juge s'efforce, au moyen du châtiment, d'établir l'égalité en enlevant le gain obtenu. On applique en effet indistinctement le terme « gain » aux cas de ce genre, même s'il n'est pas approprié à certaines situations, par exemple pour une personne qui a causé une blessure, et le terme « perte » n'est pas non plus dans ce cas bien approprié à la victime, mais, de toute façon, quand le dommage souffert a été évalué, on peut parler de perte et de gain. Par conséquent, l'égal est moyen entre le plus et le moins, mais le gain et la perte sont respectivement plus et moins en des sens opposés, plus de bien et moins de mal étant du gain, et le contraire étant une perte ; et comme il y a entre ces extrêmes un moyen, lequel, avons-nous dit, est l'égal, égal que nous identifions au juste, il s'ensuit que le juste rectificatif sera le moyen entre une perte et un gain. C'est pourquoi, aussi en cas de contestation, on a recours au juge. Aller devant le juge c'est aller devant la justice, car le juge tend à être comme une justice vivante ; et on cherche dans un juge un moyen terme (dans certains pays on appelle les juges des médiateurs), dans la pensée qu'en obtenant ce qui est moyen on obtiendra ce qui est juste. Ainsi le juste est une sorte de moyen, s'il est vrai que le juge l'est aussi.

La justice corrective rétablit l'égalité – (1132a7) Le juge restaure l'égalité. Il en est à cet égard comme d'une ligne divisée en deux segments inégaux : au segment le plus long le juge enlève cette partie qui excède la moitié de la ligne entière et l'ajoute au segment le plus court ; et quand le total a été divisé en deux moitiés, c'est alors que les plaideurs déclarent qu'ils ont ce qui est proprement leur bien, c'est-à-dire quand ils ont reçu l'égal. Et l'égal est moyen entre ce qui est plus grand et ce qui est plus petit selon la proportion arithmétique. C'est pour cette raison aussi que le moyen reçoit le nom de juste, parce qu'il est une division en deux parts égales ; et c'est comme si on disait que le juge est un homme qui partage en deux. Quand, en effet, de deux choses égales on enlève une partie de l'une pour l'ajouter à l'autre, cette autre chose excède la première de deux fois ladite partie, puisque si ce qui a été enlevé à l'une n'avait pas été ajouté à l'autre, **(1132b1)** cette seconde chose excéderait la première d'une fois seulement la partie en question ; cette seconde chose, donc, excède le moyen d'une fois ladite partie, et le moyen excède la première, qui a fait l'objet du prélèvement, d'une fois la partie. Ce processus nous permettra ainsi de connaître à la fois quelle portion il faut enlever de ce qui a plus, et quelle portion il faut ajouter à ce qui a moins : nous apporterons à ce qui a moins la quantité dont le moyen le dépasse, et enlèverons à ce qui a le plus la quantité dont le moyen est dépassé. […]

CHAPITRE 8

Justice et réciprocité assurent la cohésion des hommes entre eux – (1132b21) Dans l'opinion de certains, c'est la réciprocité qui constitue purement et simplement la justice : telle était la doctrine des pythagoriciens qui définissaient le juste simplement comme la réciprocité. Mais la réciprocité ne coïncide ni avec la justice distributive ni même avec la justice corrective (bien qu'on veuille ordinairement donner ce sens à la justice de Rhadamanthe[40] : « Subir ce qu'on a fait aux autres sera une

---

[40] L'un des juges des enfers.

justice équitable », car souvent réciprocité et justice corrective sont en
désaccord ; par exemple, si un homme investi d'une magistrature a frappé
un particulier, il ne doit pas être frappé à son tour, et si un particulier a
frappé un magistrat, il ne doit pas seulement être frappé mais recevoir une
punition supplémentaire. En outre, entre l'acte volontaire et l'acte involontaire, il y a une grande différence. Mais, dans les relations d'échanges,
le juste sous sa forme de réciprocité est ce qui assure la cohésion des
hommes entre eux, réciprocité toutefois basée sur une proportion et non
sur une stricte égalité. C'est cette réciprocité-là qui fait subsister la cité : car
les hommes cherchent soit à répondre au mal par le mal, faute de quoi ils
se considèrent en état d'esclavage, (**1133a1**) soit à répondre au bien par le
bien, sans quoi aucun échange n'a lieu, alors que c'est pourtant l'échange
qui fait la cohésion des citoyens. Voilà pourquoi un temple des Chantes[41]
se dresse sur la place publique : on veut rappeler l'idée de reconnaissance,
qui est effectivement un caractère propre de la grâce, puisque c'est un
devoir non seulement de rendre service pour service à celui qui s'est
montré aimable envers nous, mais encore à notre tour de prendre l'initia-
tive d'être aimable. [...]

CHAPITRE 9

La justice est une sorte de juste milieu – (1133b29) Nous avons ainsi
déterminé la nature du juste et celle de l'injuste. Des distinctions que nous
avons établies, il résulte clairement que l'action juste est un moyen entre
l'injustice commise et l'injustice subie, l'une consistant à avoir trop, et
l'autre trop peu. La justice est à son tour une sorte de juste milieu, non
pas de la même façon que les autres vertus, mais en ce sens qu'elle relève
du juste milieu, tandis que l'injustice relève des extrêmes. (**1134a1**) Et la
justice est une disposition d'après laquelle l'homme juste se définit comme
celui qui est apte à accomplir, par choix délibéré, ce qui est juste, celui qui,
dans une répartition à effectuer, soit entre lui-même et un autre, soit entre
deux autres personnes, n'est pas homme à s'attribuer à lui-même, dans le
bien désiré, une part trop forte, et à son voisin une part trop faible (ou
l'inverse, s'il s'agit d'un dommage à partager), mais donne à chacun la part
proportionnellement égale qui lui revient, et qui agit de la même façon
quand la répartition se fait entre des tiers. L'injustice, en sens opposé, a
pareillement rapport à ce qui est injuste, et qui consiste dans un excès
ou un défaut disproportionné de ce qui est avantageux ou dommageable.
C'est pourquoi l'injustice est un excès et un défaut en ce sens qu'elle est

---

[41] Un sanctuaire des Grâces.

génératrice d'excès et de défaut ; quand on est soi-même partie à la distribution, elle aboutit à un excès de ce qui est avantageux en soi et à un défaut de ce qui est dommageable ; s'agit-il d'une distribution entre des tiers, le résultat dans son ensemble est bien le même que dans le cas précédent, mais la proportion peut être dépassée indifféremment dans un sens ou dans l'autre. Et l'acte injuste a deux faces : du côté du trop peu, il y a injustice subie, et du côté du trop, injustice commise.

CHAPITRE 10

Comment commettre une injustice sans être injuste ? – [...] (1134a17) Mais, étant donné qu'on peut commettre une injustice sans être pour autant injuste, quelles sortes d'actes d'injustice doit-on dès lors accomplir pour être injuste dans chaque forme d'injustice, par exemple pour être un voleur, un adultère ou un brigand ? Ne dirons-nous pas que la différence ne tient en rien à la nature de l'acte. Un homme, en effet, pourrait avoir commerce avec une femme, sachant qui elle était, mais le principe de son acte peut être, non pas un choix délibéré, mais la passion. Il commet bien une injustice, mais il n'est pas un homme injuste ; de même, on n'est pas non plus un voleur, même si on a volé, ni un adultère, même si on a commis l'adultère ; et ainsi de suite.

La relation entre la réciprocité et la justice chez les associés ou la justice politique – (1134a24) Mais nous ne devons pas oublier que l'objet de notre investigation est non seulement le juste au sens absolu, mais encore le juste politique. Cette forme du juste est celle qui doit régner entre des gens associés en vue d'une existence qui se suffise à elle-même, associés supposés libres et égaux en droits, d'une égalité soit proportionnelle, soit arithmétique, de telle sorte que, pour ceux ne remplissant pas cette condition, il n'y ait pas dans leurs relations réciproques justice politique proprement dite, mais seulement une sorte de justice prise en un sens métaphorique. Le juste, en effet, n'existe qu'entre ceux dont les relations mutuelles sont sanctionnées par la loi, et il n'y a de loi que pour des hommes chez lesquels l'injustice peut se rencontrer, puisque la justice légale est une discrimination du juste et de l'injuste. Chez les hommes, donc, où l'injustice peut exister, des actions injustes peuvent aussi se commettre chez eux (bien que là où il y a action injuste il n'y ait pas toujours injustice), actions qui consistent à s'attribuer à soi-même une part trop forte des choses en elles-mêmes bonnes et une part trop faible des choses en elles-mêmes mauvaises. C'est la raison pour laquelle nous ne laissons pas un homme nous gouverner, nous voulons que ce soit la loi, parce qu'un homme ne le fait que dans son intérêt propre et devient un tyran; (**1134b1**) mais le rôle de celui qui exerce l'autorité est de garder la justice, et gardant la justice, de garder aussi l'égalité. [...]

Différents niveaux de justice – (1134b7) La justice du maître ou celle du père n'est pas la même que la justice entre citoyens, elle lui ressemble seulement. En effet, il n'existe pas d'injustice au sens absolu du mot à l'égard de ce qui nous appartient en propre; mais ce qu'on possède en pleine propriété, aussi bien que l'enfant jusqu'à ce qu'il ait atteint un certain âge et soit devenu indépendant, sont pour ainsi dire une partie de nous-mêmes et nul ne choisit délibérément de se causer à soi-même du tort, ni par suite de se montrer injuste envers soi-même; il n'est donc pas non plus question ici de justice ou d'injustice au sens politique, lesquelles, avons-nous dit, dépendent de la loi et n'existent que pour ceux qui vivent naturellement sous l'empire de la loi, à savoir, comme nous l'avons dit encore, ceux à qui appartient une part égale dans le droit de gouverner et d'être gouverné. De là vient que la justice qui concerne l'épouse[42] se rapproche davantage de la justice proprement dite que celle qui a rapport à l'enfant et aux propriétés, car il s'agit là de la justice domestique, mais même celle-là est différente de la forme politique de la justice.

Justice naturelle et justice légale – (1134b18) La justice politique elle-même est de deux espèces, l'une naturelle et l'autre légale. Est naturelle celle qui a partout la même force et ne dépend pas de telle ou telle opinion; légale, celle qui à l'origine peut être indifféremment ceci ou cela, mais qui, une fois établie, s'impose: par exemple, que la rançon d'un prisonnier est d'une mine, ou qu'on sacrifie une chèvre et non deux moutons, et en outre toutes les dispositions législatives portant sur des cas particuliers, comme par exemple le sacrifice en l'honneur de Brasidas[43] et les prescriptions prises sous forme de décrets. [...]

La différence entre l'action juste et ce qui est juste – (1135a6) Les différentes prescriptions juridiques et légales sont, à l'égard des actions qu'elles déterminent, dans le même rapport que l'universel aux cas particuliers; en effet, les actions accomplies sont multiples, et chacune de ces prescriptions est une, étant universelle.

(1135a8) Il existe une différence entre l'action injuste et ce qui est injuste, et entre l'action juste et ce qui est juste: car une chose est injuste

---

[42] L'épouse a un statut supérieur à l'esclave parce qu'elle peut réfléchir.
[43] Officier spartiate, héros de la Guerre du Péloponnèse (~431-~404).

par nature ou par une prescription de la loi, et cette même chose, une fois faite, est une action injuste, tandis qu'avant d'être faite, elle n'est pas encore une action injuste, elle est seulement quelque chose d'injuste. Il en est de même aussi d'une action juste [...]. Quant aux différentes prescriptions juridiques et légales, ainsi que la nature et le nombre de leurs espèces et les sortes de choses sur lesquelles elles portent en fait, tout cela devra être examiné ultérieurement. [...]

Les actions pardonnables et l'ignorance – (1136a5) Des actions involontaires, enfin, les unes sont pardonnables et les autres ne sont pas pardonnables. En effet, les fautes non seulement faites dans l'ignorance, mais qui encore sont dues à l'ignorance, sont pardonnables, tandis que celles qui ne sont pas dues à l'ignorance, mais qui, tout en étant faites dans l'ignorance, ont pour cause une passion qui n'est ni naturelle ni humaine, ne sont pas pardonnables. [...]

CHAPITRE 14

L'équité ou l'honnêteté – (1137a31) Nous avons ensuite à traiter de l'équité et de l'équitable, et montrer leurs relations respectives avec la justice et avec le juste. En effet, à y regarder avec attention, il apparaît que la justice et l'équité ne sont ni absolument identiques, ni génériquement différentes : tantôt nous louons ce qui est équitable et l'homme équitable lui-même, au point que, par manière d'approbation, (**1137b1**) nous transférons le terme « équitable » aux actions autres que les actions justes, et en faisons un équivalent de bon, en signifiant par *plus équitable* qu'une chose est simplement *meilleure* ; tantôt, par contre, en poursuivant le raisonnement, il nous paraît étrange que l'équitable, s'il est une chose qui s'écarte du juste, reçoive notre approbation. S'ils sont différents, en effet, ou bien le juste, ou bien l'équitable n'est pas bon, ou si tous deux sont bons, c'est qu'ils sont identiques.

Le problème que soulève la notion d'équitable est plus ou moins le résultat de ces diverses affirmations, lesquelles sont cependant toutes correctes d'une certaine façon, et ne s'opposent pas les unes aux autres. En effet, l'équitable, tout en étant supérieur à une certaine justice, est lui-même juste et ce n'est pas comme appartenant à un genre différent qu'il est supérieur au juste. Il y a donc bien identité du juste et de l'équitable, et tous deux sont bons, bien que l'équitable soit le meilleur des deux. Ce qui fait la difficulté, c'est que l'équitable, tout en étant juste, n'est pas le juste selon la loi, mais un correctif de la justice légale. La raison en est que la loi est toujours quelque chose de général et qu'il y a des cas d'espèce pour lesquels il n'est pas possible de poser un énoncé général qui s'y applique avec rectitude. Dans les matières, donc, où on doit nécessairement se borner à des généralités et où il est impossible de le faire correctement, la loi ne prend en considération que les cas les plus fréquents, sans ignorer d'ailleurs les erreurs que cela peut entraîner. La loi n'en est pas moins sans reproche, car la faute n'est pas à la loi, ni au législateur, mais tient à la nature des choses, puisque, par leur essence même, la matière des choses de l'ordre pratique revêt ce caractère d'irrégularité. Quand, par suite, la loi pose une règle générale, et que là-dessus survient un cas en dehors de la règle générale, on est alors en droit, là où le législateur a omis de prévoir le cas et a péché par excès de simplification, de corriger l'omission et de se faire l'interprète de ce qu'eût dit le législateur lui-même s'il avait été présent à ce moment, et de ce qu'il aurait porté dans sa loi s'il avait connu le cas en question. De là vient que l'équitable est juste, et qu'il est supérieur à une certaine espèce de juste, non pas supérieur au juste absolu, mais seulement au juste où peut se rencontrer l'erreur due au caractère absolu de la règle. Telle est la nature de l'équitable : c'est d'être un correctif de la loi, là où la loi a manqué de statuer à cause de sa généralité. En fait, la raison pour laquelle tout n'est pas défini par la loi, c'est qu'il y a des cas d'espèce pour lesquels il est impossible de poser une loi, de telle sorte qu'un décret est indispensable. De ce qui est, en effet, indéterminé, la règle aussi est indéterminée, à la façon de la règle de plomb utilisée dans les constructions de Lesbos[44] : de même que la règle épouse les contours de la pierre et n'est pas rigide, ainsi le décret est adapté aux faits.

L'équitable est supérieur au juste – (1137b33) On voit ainsi clairement ce qu'est l'équitable, que l'équitable est juste et qu'il est supérieur à une certaine sorte de juste. Il en résulte nettement aussi la nature de l'homme équitable : celui qui a tendance à choisir et à accomplir les actions équitables et ne s'en tient pas rigoureusement (**1138a1**) à ses droits dans le sens du pire, mais qui a tendance à prendre moins que son dû, bien qu'il ait la loi de son côté, celui-là est un homme équitable, et cette disposition est l'équité, qui est une forme spéciale de la justice et non pas une disposition entièrement distincte.

CHAPITRE 15

Le suicide constitue une injustice contre le groupe – (1138a4) Mais est-il possible ou non de commettre l'injustice envers soi-même ? La réponse à cette question résulte clairement de ce que nous avons dit. En

---

[44] Île grecque au large des côtes de l'Asie mineure.

effet, parmi les actions justes figurent les actions conformes à quelque vertu, quelle qu'elle soit, qui sont prescrites par la loi : par exemple, la loi ne permet pas expressément le suicide, et ce qu'elle ne permet pas expressément, elle le défend. En outre, quand, contrairement à la loi, un homme cause du tort (autrement qu'à titre de représailles) et cela volontairement, il agit injustement, et agir volontairement c'est connaître à la fois et la personne qu'on lèse et l'instrument dont on se sert ; or, celui qui, dans un accès de colère, se tranche à lui-même la gorge, accomplit cet acte contrairement à la droite règle et cela la loi ne le permet pas ; aussi commet-il une injustice. Mais contre qui ? N'est-ce pas contre la cité, et non contre lui-même ? Car le rôle passif qu'il joue est volontaire, alors que personne ne subit volontairement une injustice. Telle est aussi la raison pour laquelle la cité inflige une peine ; et une certaine dégradation civique s'attache à celui qui s'est détruit lui-même, comme ayant agi injustement envers la cité.

Une action injuste volontaire – (1138a13) En outre, au sens où celui qui agit injustement est injuste seulement et n'est pas d'une perversité totale, il n'est pas possible de commettre une injustice envers soi-même (c'est là un cas distinct du précédent, parce que, en ce sens du terme, l'homme injuste est pervers de la même façon que le lâche, et non pas comme possédant la perversité totale, de sorte que son action injuste ne manifeste pas non plus une perversité totale). En effet, si cela était possible, la même chose pourrait en même temps être enlevée et être ajoutée à la même chose, ce qui est impossible, le juste et l'injuste se réalisant nécessairement toujours en plus d'une personne. En outre, une action injuste est non seulement à la fois volontaire et le résultat d'un libre choix, mais elle est encore quelque chose d'antérieur (car l'homme qui, parce qu'il a été éprouvé lui-même, rend mal pour mal, n'est pas regardé comme agissant injustement) ; or, quand on commet une injustice envers soi-même, on est, pour les mêmes choses, passif et actif, et cela en même temps. De plus, ce serait admettre qu'on peut subir volontairement l'injustice. Ajoutons à cela qu'on n'agit jamais injustement sans accomplir des actes particuliers d'injustice ; or, on ne peut jamais commettre d'adultère avec sa propre femme, ni pénétrer par effraction dans sa propre maison, ni voler ce qui est à soi. D'une manière générale, la question de savoir si on peut agir injustement envers soi-même se résout à la lumière de la distinction que nous avons posée au sujet de la possibilité de subir volontairement l'injustice.

Il est préférable de subir une injustice que d'en commettre une – (1138a29) Il est manifeste aussi que les deux choses sont également mauvaises, à savoir subir une injustice et commettre une injustice, puisque, dans le premier cas, on a moins, et, dans le second, plus que la juste moyenne, laquelle joue ici le rôle du sain en médecine et du bon état corporel en gymnastique. Mais, cependant, le pire des deux c'est commettre l'injustice, car commettre l'injustice s'accompagne de vice et provoque notre désapprobation, vice qui, au surplus, est d'une espèce achevée et atteint l'absolu ou presque (presque, car une action injuste commise volontairement ne s'accompagne pas toujours de vice), tandis que subir l'injustice est dénué de vice et d'injustice chez la victime. Ainsi, en soi, subir l'injustice est un mal moins grand, quoique par accident rien n'empêche (**1138b1**) que ce ne soit un plus grand mal. [...]

LIVRE VI
LES VERTUS INTELLECTUELLES : LA SAGACITÉ, LA SAGESSE OU PHILOSOPHIE

CHAPITRE 1

Le moyen terme et la droite règle – (1138b20) Et puisque, en fait, nous avons dit plus haut que nous devons choisir le moyen terme, et non l'excès ou le défaut, et que le moyen terme est conforme à ce qu'énonce la droite règle, analysons maintenant ce dernier point.

(1138b22) Dans toutes les dispositions morales dont nous avons parlé, aussi bien que dans les autres domaines, il y a un certain but sur lequel, fixant son regard, l'homme qui est en possession de la droite règle intensifie ou relâche son effort, et il existe un certain principe de détermination des justes milieux, lesquels constituent, disons-nous, un état intermédiaire entre l'excès et le défaut, du fait qu'ils sont en conformité avec la droite règle. Mais une telle façon de s'exprimer, toute vraie qu'elle soit, manque de clarté. En effet, même en tout ce qui rentre par ailleurs dans les préoccupations de la science, on peut dire avec vérité assurément que nous ne devons déployer notre effort, ou le relâcher, ni trop ni trop peu, mais observer le juste milieu, et cela comme le demande la droite règle ; seulement, la simple possession de cette vérité ne peut accroître en rien notre connaissance ; nous ignorerions, par exemple, quelles sortes de remèdes il convient d'appliquer à notre corps si quelqu'un se contentait de nous dire : « Ce sont tous ceux que prescrit l'art médical et de la façon indiquée par l'homme de l'art. » Aussi faut-il également, en ce qui concerne les dispositions de l'âme, non seulement établir la vérité de ce que nous avons dit ci-dessus, mais encore déterminer quelle est la nature de la droite règle, et son principe de détermination. [...]

CHAPITRE 2

L'intellect pratique – (1139a18) Or, il y a dans l'âme trois facteurs prédominants qui déterminent l'action et la vérité : sensation, intellect et désir. De ces facteurs, la sensation n'est principe d'aucune action comme on peut le voir par l'exemple des bêtes, qui possèdent bien la sensation mais n'ont pas l'action en partage. Et ce que l'affirmation et la négation sont dans la pensée, la recherche et l'aversion le sont dans l'ordre du désir ; par conséquent, puisque la vertu morale est une disposition capable de choix, et que le choix est un désir délibératif, il faut par là même qu'à la fois la règle soit vraie et le désir droit, si le choix est bon, et qu'il y ait identité entre ce que la règle affirme et ce que le désir poursuit. Cette pensée et cette vérité dont nous parlons ici sont de l'ordre pratique ; quant à la pensée contemplative, qui n'est ni pratique, ni poétique, son bon et son mauvais état consiste dans le vrai et le faux auxquels son activité aboutit, puisque c'est là l'œuvre de toute partie intellective, tandis que pour la partie de l'intellect pratique, son bon état consiste dans la vérité correspondant au désir, au désir correct.

Le principe de l'action morale – (1139a31) Le principe de l'action morale est ainsi le libre choix (principe étant ici le point d'origine du mouvement et non la fin où il tend) et celui du choix est le désir et la règle dirigée vers quelque fin. C'est pourquoi le choix ne peut exister, ni sans intellect et pensée, ni sans une disposition morale, la bonne conduite et son contraire dans le domaine de l'action n'existant pas sans pensée et sans caractère. La pensée par elle-même cependant n'imprime aucun mouvement, mais seulement la pensée dirigée vers une fin et d'ordre pratique. [...]

(1139b4) Aussi peut-on dire indifféremment que le choix préférentiel est un intellect désirant ou un désir raisonnant, et le principe qui est de cette sorte est un homme.

Le principe de la délibération – (1139b6) Le passé ne peut jamais être objet de choix : personne ne choisit d'avoir saccagé Troie ; la délibération, en effet, porte, non sur le passé, mais sur le futur et le contingent, alors que le passé ne peut pas ne pas avoir été. [...]

CHAPITRE 3

La nature de la science – (1139b15) Reprenons donc depuis le début et traitons à nouveau de ces dispositions. Admettons que les états par lesquels l'âme énonce ce qui est vrai sous une forme affirmative ou négative sont au nombre de cinq : ce sont l'art[45], la science, la prudence, la sagesse et la raison intuitive, car, par le jugement et l'opinion, il peut arriver que nous soyons induits en erreur.

L'induction et la déduction – (1139b18) La nature de la science (si nous employons ce terme dans son sens rigoureux et en négligeant les sens de pure similitude) résulte clairement des considérations suivantes. Nous concevons tous que les choses dont nous avons la science ne peuvent être autrement qu'elles ne sont ; pour les choses qui peuvent être autrement, dès qu'elles sont sorties du champ de notre connaissance, nous ne voyons plus si elles existent ou non. L'objet de la science existe donc nécessairement ; il est par suite éternel, car les êtres qui existent d'une nécessité absolue sont tous éternels ; et les êtres éternels sont inengendrés et incorruptibles. De plus, on pense ordinairement que toute science est susceptible d'être enseignée, et que l'objet de science peut s'apprendre. Mais tout enseignement donné vient de connaissances préexistantes, comme nous l'établissons aussi dans les *Analytiques* puisqu'il procède soit par induction, soit par syllogisme. L'induction, dès lors, est principe aussi de l'universel, tandis que le syllogisme procède à partir des universels. Il y a par conséquent des principes qui servent de point de départ au syllogisme, principes dont il n'y a pas de syllogisme possible, et qui, par suite, sont obtenus par induction. [...]

CHAPITRE 5

La prudence ou sagacité – (1140a24) Une façon dont nous pourrions appréhender la nature de la prudence, c'est de considérer quelles sont les personnes que nous appelons prudentes. De l'avis général, le propre d'un homme prudent, c'est d'être capable de délibérer correctement sur ce qui est bon et avantageux pour lui-même, non pas sur un point partiel (comme par exemple quelles sortes de choses sont favorables à la santé ou à la vigueur du corps), mais d'une façon générale, quelles sortes de choses, par exemple, conduisent à la vie heureuse. Une preuve, c'est que nous appelons aussi prudents ceux qui le sont en un domaine déterminé, quand ils calculent avec justesse en vue d'atteindre une fin particulière digne de prix, dans des espèces où il n'est pas question d'art ; il en résulte que, en un sens général aussi, sera un homme prudent celui qui est capable de délibération.

La prudence n'est ni art ni science – (1140a32) Mais on ne délibère jamais sur les choses qui ne peuvent pas être autrement qu'elles ne sont, ni sur celles qu'il nous est impossible d'accomplir ; par conséquent, s'il est vrai qu'une science s'accompagne de démonstration, mais que les choses

---

[45] D'autres traducteurs, comme Bodéüs, traduisent « art » par « technique ».

dont les principes peuvent être autres qu'ils ne sont n'admettent pas de démonstration (car toutes sont également susceptibles d'être autrement qu'elles ne sont), et s'il n'est pas possible de délibérer (**1140b1**) sur les choses qui existent nécessairement, la prudence ne saurait être ni une science, ni un art : une science, parce que l'objet de l'action peut être autrement qu'il n'est ; un art, parce que le genre de l'action est autre que celui de la production. Reste donc que la prudence est une disposition, accompagnée de règle vraie, capable d'agir dans la sphère de ce qui est bon ou mauvais pour un être humain.

Périclès est un homme prudent – (1140b6) Tandis que la production, en effet, a une fin autre qu'elle-même, il n'en saurait être ainsi pour l'action, la bonne pratique étant elle-même sa propre fin. C'est pourquoi nous estimons que Périclès et les gens comme lui sont des hommes prudents en ce qu'ils possèdent la faculté d'apercevoir ce qui est bon pour eux-mêmes et ce qui est bon pour l'homme en général, et tels sont aussi, pensons-nous, les personnes qui s'entendent à l'administration d'une maison ou d'une cité. De là vient aussi le nom par lequel nous désignons la tempérance pour signifier qu'elle conserve la prudence ; et ce qu'elle conserve, c'est le jugement dont nous indiquons la nature, car le plaisir et la douleur ne détruisent pas et ne faussent pas tout jugement quel qu'il soit, par exemple le jugement que le triangle a ou n'a pas ses angles égaux à deux droits, mais seulement les jugements ayant trait à l'action. En effet, les principes de nos actions consistent dans la fin à laquelle tendent nos actes ; mais à l'homme corrompu par l'attrait du plaisir ou la crainte de la douleur, le principe n'apparaît pas immédiatement, et il est incapable de voir en vue de quelle fin et pour quel motif il doit choisir et accomplir tout ce qu'il fait, car le vice est destructif du principe. Par conséquent, la prudence est nécessairement une disposition accompagnée d'une règle exacte, capable d'agir dans la sphère des biens humains.

La prudence est une excellence (vertu) et non un art (technique) – (1140b21) En outre, dans l'art on peut parler d'excellence, mais non dans la prudence. Et, dans le domaine de l'art, l'homme qui se trompe volontairement est préférable à celui qui se trompe involontairement, tandis que dans le domaine de la prudence c'est l'inverse qui a lieu, tout comme dans le domaine des vertus également. On voit donc que la prudence est une excellence et non un art.

Prudence et opinion – (1140b25) Des deux parties de l'âme douées de raison, l'une des deux, la faculté d'opiner, aura pour vertu la prudence, car l'opinion a rapport à ce qui peut être autrement qu'il n'est, et la prudence aussi. Mais, cependant, la prudence n'est pas simplement une disposition accompagnée de règle : une preuve, c'est que l'oubli peut atteindre la disposition de ce genre, tandis que pour la prudence il n'en est rien.

CHAPITRE 6

L'intellect, la raison intuitive et l'intelligence – (1140b31) Puisque la science consiste en un jugement portant sur les universels et les êtres nécessaires, et qu'il existe des principes d'où découlent les vérités démontrées et toute science en général (puisque la science s'accompagne de raisonnement), il en résulte que le principe de ce que la science connaît ne saurait être lui-même objet ni de science, ni d'art, ni de prudence : en effet, l'objet de la science est démontrable, et par ailleurs l'art et la prudence se trouvent avoir (**1141a1**) rapport aux choses qui peuvent être autrement qu'elles ne sont. Mais la sagesse n'a pas non plus dès lors les principes pour objet, puisque le propre du sage c'est d'avoir une démonstration pour certaines choses. Par conséquent, si les dispositions qui nous permettent d'atteindre la vérité et d'éviter toute erreur dans les choses qui ne peuvent être autrement qu'elles ne sont ou dans celles qui peuvent être autrement, si ces dispositions-là sont la science, la prudence, la sagesse et l'intellect, et si trois d'entre elles ne peuvent jouer aucun rôle dans l'appréhension des principes (j'entends la prudence, la science et la sagesse), il reste que c'est la raison intuitive qui les saisit.

CHAPITRE 7

La sagesse – (1141a9) Le terme « sagesse » dans les arts est par nous appliqué à ceux qui atteignent la plus exacte maîtrise dans l'art en question, par exemple à Phidias comme sculpteur habile, et à Polyclète comme statuaire ; et, en ce premier sens donc, nous ne signifions par sagesse rien d'autre qu'excellence dans un art. [...]

La sagesse : raison intuitive et science – (1141a18) Il est clair, par conséquent, que la sagesse sera la plus achevée des formes du savoir. Le sage doit donc non seulement connaître les conclusions découlant des principes, mais encore posséder la vérité sur les principes eux-mêmes. La sagesse sera ainsi à la fois raison intuitive et science, science munie en quelque sorte d'une tête et portant sur les réalités les plus hautes.

La sagesse est supérieure à la prudence – (1141a21) Il est absurde en effet de penser que l'art politique ou la prudence soit la forme la plus élevée du savoir, s'il est vrai que l'homme n'est pas ce qu'il y a de plus excellent dans le monde. Si, dès lors, sain et bon sont une chose différente pour des hommes et pour des poissons, tandis que blanc et rectiligne sont toujours invariables, on reconnaîtra chez tous les hommes que ce qui est sage est la même chose, mais que ce qui est prudent est variable : car c'est l'être qui a une vue nette des diverses choses qui l'intéressent personnellement qu'on désigne du nom de prudent, et c'est à lui qu'on remettra la conduite de ces choses-là. De là vient encore que certaines bêtes sont qualifiées de prudentes ; ce sont celles qui, en tout ce qui touche à leur propre vie, possèdent manifestement une capacité de prévoir.

L'art politique est différent de la sagesse – (1141a28) Il est de toute évidence aussi que la sagesse ne saurait être identifiée à l'art politique, car, si on doit appeler la connaissance de ses propres intérêts une sagesse, il y aura multiplicité de sagesses ; il n'existe pas, en effet, une seule sagesse s'appliquant au bien de tous les êtres animés, mais il y a une sagesse différente pour chaque espèce, de même qu'il n'y a pas non plus un seul art médical pour tous les êtres. Et si on objecte qu'un homme l'emporte en perfection sur les autres animaux, cela n'importe ici en rien ; il existe, en effet, d'autres êtres d'une nature beaucoup plus divine que l'homme, (**1141b1**) par exemple, pour s'en tenir aux réalités les plus visibles, les Corps dont le monde est constitué.

La sagesse et le « voile d'ignorance » – (1141b2) Ces considérations montrent bien que la sagesse est à la fois science et raison intuitive des choses qui ont par nature la dignité la plus haute. C'est pourquoi nous disons qu'Anaxagore, Thalès et ceux qui leur ressemblent, possèdent la sagesse, mais non la prudence, quand nous les voyons ignorer les choses qui leur sont profitables à eux-mêmes, et nous reconnaissons qu'ils ont un savoir hors de pair, admirable, difficile et divin, mais sans utilité, du fait que ce ne sont pas les biens proprement humains qu'ils recherchent.

CHAPITRE 8

La prudence – (1141b14) Or, la prudence a rapport aux choses humaines et aux choses qui admettent la délibération, car le prudent, disons-nous, a pour œuvre principale de bien délibérer ; mais on ne délibère jamais sur les choses qui ne peuvent être autrement qu'elles ne sont, ni sur celles qui ne comportent pas quelque fin à atteindre, fin qui consiste en un bien réalisable. Le bon délibérateur, au sens absolu, est l'homme qui s'efforce d'atteindre le meilleur des biens réalisables pour l'homme, et qui le fait par raisonnement.

La prudence doit connaître le particulier – (1141b14) La prudence n'a pas non plus seulement pour objet les universels, mais elle doit aussi avoir la connaissance des faits particuliers, car elle est de l'ordre de l'action, et l'action a rapport aux choses singulières. C'est pourquoi aussi certaines personnes ignorantes sont plus qualifiées pour l'action que d'autres qui savent ; c'est le cas notamment des gens d'expérience : si, tout en sachant que les viandes légères sont faciles à digérer et bonnes pour la santé, on ignore quelles sortes de viandes sont légères, on ne produira pas la santé, tandis que si on sait que la chair de volaille est légère, on sera plus capable de produire la santé.

Et l'universel – (1141b21) La prudence étant de l'ordre de l'action, il en résulte qu'on doit posséder les deux sortes de connaissances, et de préférence celle qui porte sur le singulier. Mais ici encore elle dépendra d'un art architectonique.

La politique et la prudence – (1141b22) La sagesse politique et la prudence sont une seule et même disposition, bien que leur essence ne soit cependant pas la même. De la prudence appliquée à la cité, une première espèce, en tant qu'elle a sous sa dépendance toutes les autres, est *législative* ; l'autre espèce, en tant que portant sur les choses particulières, reçoit le nom, qui lui est d'ailleurs commun avec la précédente, de *politique*. Cette dernière espèce a rapport à l'action et à la délibération, puisque tout décret doit être rendu dans une forme strictement individuelle. C'est pourquoi administrer la cité est une expression réservée pour ceux qui entrent dans la particularité des affaires, car ce sont les seuls qui accomplissent la besogne, semblables en cela aux artisans.

La prudence et l'opinion commune – (1141b29) Dans l'opinion commune, la prudence aussi est prise surtout sous la forme où elle ne concerne que la personne privée, c'est-à-dire un individu ; et cette forme particulière reçoit le nom général de prudence. Des autres espèces, l'une est appelée économie domestique, une autre législation, une autre encore politique, celle-ci se subdivisant en délibérative et judiciaire. […]

CHAPITRE 9

La prudence est différente des mathématiques – (1142a6) Ceux qui pensent ainsi ne recherchent que leur propre bien, et ils croient que c'est un devoir d'agir ainsi. Cette opinion a fait naître l'idée que de pareils gens sont des hommes prudents ; peut-être cependant la poursuite par chacun de son bien propre ne va-t-elle pas sans économie domestique ni politique. En outre, la façon dont on doit administrer ses propres affaires n'apparaît pas nettement et demande examen. Ce que nous avons dit est d'ailleurs confirmé par ce fait que les jeunes gens peuvent devenir géomètres ou mathématiciens ou savants dans les disciplines de ce genre, alors qu'on n'admet pas communément qu'il puisse exister de jeune homme prudent. La cause en est que la prudence a rapport aussi aux faits particuliers, qui ne nous deviennent familiers que par l'expérience, dont un jeune homme est toujours dépourvu (car c'est à force de temps que l'expérience s'acquiert). On pourrait même se demander pourquoi un enfant, qui peut faire un mathématicien, est incapable d'être philosophe ou même physicien. Ne serait-ce pas que, parmi ces sciences, les premières s'acquièrent par abstraction tandis que les autres ont leurs principes dérivés de l'expérience, et que, dans ce dernier cas, les jeunes gens ne se sont formés aucune conviction et se contentent de paroles, tandis que les notions mathématiques, au contraire, ont une essence dégagée de toute obscurité? [...]

La prudence n'est pas science – (1142a24) Et que la prudence ne soit pas science, c'est là une chose manifeste : elle porte, en effet, sur ce qu'il y a de plus particulier, comme nous l'avons dit, car l'action à accomplir est elle-même particulière. La prudence dès lors s'oppose à la raison intuitive : la raison intuitive, en effet, appréhende les définitions pour lesquelles on ne peut donner aucune raison, tandis que la prudence est la connaissance de ce qu'il y a de plus individuel, lequel n'est pas objet de science mais de perception, non pas la perception des sensibles propres, mais une perception de la nature de celle par laquelle nous percevons que telle figure mathématique particulière est un triangle ; car, dans cette direction aussi, on devra s'arrêter. [...]

CHAPITRE 10

La bonne délibération ou le bon conseil – (1142a31) La recherche et la délibération diffèrent, car la délibération est une recherche s'appliquant à une certaine chose. Nous devons aussi appréhender quelle est la nature de la bonne délibération, si elle est forme de science ou opinion, ou justesse de coup d'œil ou quelque autre genre différent.

La bonne délibération est rectitude de pensée – (1141b35) Or, elle n'est pas science (on ne cherche pas les choses qu'on sait (**1142b1**), alors que la bonne délibération est une forme de délibération, et que celui qui délibère cherche et calcule). Mais elle n'est pas davantage justesse de coup d'œil, car la justesse de coup d'œil a lieu indépendamment de tout calcul conscient, et d'une manière rapide, tandis que la délibération exige beaucoup de temps, et on dit que s'il faut exécuter avec rapidité ce qu'on a délibéré de faire, la délibération elle-même doit être lente. Autre raison, la vivacité d'esprit est une chose différente de la bonne délibération ; or, la vivacité d'esprit est une sorte de justesse de coup d'œil. La bonne délibération n'est pas non plus une forme quelconque d'opinion. Mais puisque celui qui délibère mal se trompe et que celui qui délibère bien délibère correctement, il est clair que la bonne délibération est une certaine rectitude. Mais on ne peut affirmer la rectitude ni de la science, ni de l'opinion pour la science, en effet, on ne peut pas parler de rectitude (pas plus que d'erreur), et pour l'opinion sa rectitude est vérité ; et, en même temps, tout ce qui est objet d'opinion est déjà déterminé. Mais la bonne délibération ne va pas non plus sans calcul conscient. Il reste donc qu'elle est rectitude de pensée, car ce n'est pas encore une assertion, puisque l'opinion n'est pas une recherche mais est déjà une certaine assertion, tandis que l'homme qui délibère bien ou mal, recherche quelque chose et calcule. [...]

La bonne délibération vise une bonne fin – (1142b23) Mais il est possible d'atteindre même le bien par un faux syllogisme, et d'atteindre ce qu'il est de notre devoir de faire, mais en se servant non pas du moyen qui convient, mais à l'aide d'un moyen terme erroné. Par conséquent, cet état, en vertu duquel on atteint ce que le devoir prescrit mais non cependant par la voie requise, n'est toujours pas bonne délibération. On peut aussi arriver au but par une délibération de longue durée, alors qu'un autre l'atteindra rapidement : dans le premier cas, ce n'est donc pas encore une bonne délibération, laquelle est rectitude eu égard à ce qui est utile, portant à la fois sur la fin à atteindre, la manière et le temps. En outre, on peut avoir bien délibéré, soit au sens absolu, soit par rapport à une fin déterminée. La bonne délibération au sens absolu est dès lors celle qui mène à un résultat correct par rapport à la fin prise absolument, alors que la bonne délibération en un sens déterminé est celle qui n'aboutit à un résultat correct que par rapport à une fin elle-même déterminée. Par conséquent, si les hommes prudents ont pour caractère propre le fait d'avoir bien délibéré, la bonne délibération sera une rectitude en ce qui concerne ce qui est utile à la réalisation d'une fin, utilité dont la véritable conception est la prudence elle-même.

CHAPITRE 11

La perspicacité ou compréhension – (1142b34) L'intelligence aussi et la perspicacité, qui nous font dire des gens qu'ils sont intelligents et perspicaces, (1143a1) ne sont pas absolument la même chose que la science ou l'opinion (car, dans ce dernier cas, tout le monde serait intelligent), et ne sont pas davantage quelqu'une des sciences particulières, comme la médecine, science des choses relatives à la santé, ou la géométrie, science des grandeurs. Car l'intelligence ne roule ni sur les êtres éternels et immobiles, ni sur rien de ce qui devient, mais seulement sur les choses pouvant être objet de doute et de délibération. Aussi porte-t-elle sur les mêmes objets que la prudence, bien qu'intelligence et prudence ne soient pas identiques. La prudence est, en effet, directive (car elle a pour fin de déterminer ce qu'il est de notre devoir de faire ou de ne pas faire), tandis que l'intelligence est seulement judicative (car il y a identité entre intelligence et perspicacité, entre un homme intelligent et un homme perspicace).

L'intelligence n'est pas la prudence – (1143a11) L'intelligence ne consiste ni à posséder la prudence, ni à l'acquérir. Mais de même que apprendre s'appelle comprendre quand on exerce la faculté de connaître scientifiquement, ainsi comprendre s'applique à l'exercice de la faculté d'opinion, quand il s'agit de porter un jugement sur ce qu'une autre personne énonce dans des matières relevant de la prudence, et, par jugement, j'entends un jugement fondé, car bien est la même chose que fondé. Et l'emploi du terme « intelligence » pour désigner la qualité des gens perspicaces est venu de l'intelligence au sens d'apprendre, car nous prenons souvent apprendre au sens de comprendre.

Le bon jugement – (1143a19) Ce qu'on appelle enfin jugement, qualité d'après laquelle nous disons des gens qu'ils ont un bon jugement ou qu'ils ont du jugement, est la correcte discrimination de ce qui est équitable. Ce qui le montre bien, c'est le fait que nous disons que l'homme équitable est surtout favorablement disposé pour autrui et que montrer dans certains cas de la largeur d'esprit est équitable. Et, dans la largeur d'esprit, on fait preuve de jugement en appréciant correctement ce qui est équitable ; et juger correctement c'est juger ce qui est vraiment équitable.

CHAPITRE 12

L'homme prudent doit connaître les faits particuliers – (1143a25) Toutes les dispositions dont il a été question convergent, comme cela est normal, vers la même chose. En effet, nous attribuons jugement, intelligence, prudence et raison intuitive indifféremment aux mêmes individus quand nous disons qu'ils ont atteint l'âge du jugement et de la raison et qu'ils sont prudents et intelligents. Car toutes ces facultés portent sur les choses ultimes et particulières ; et c'est en étant capable de juger des choses rentrant dans le domaine de l'homme prudent qu'on est intelligent, bienveillant et favorablement disposé pour les autres, les actions équitables étant communes à tous les gens de bien dans leurs rapports avec autrui. Or, toutes les actions que nous devons accomplir rentrent dans les choses particulières et ultimes, car l'homme prudent doit connaître les faits particuliers ; et, de leur côté, l'intelligence et le jugement roulent sur les actions à accomplir, lesquelles sont des choses ultimes. La raison intuitive s'applique aussi aux choses particulières, dans les deux sens à la fois, puisque les termes premiers aussi bien que les derniers sont du domaine de la raison intuitive et non discursive : (**1143b1**) dans les démonstrations, la raison intuitive appréhende les termes immobiles et premiers, et dans les raisonnements d'ordre pratique, elle appréhende le fait dernier et contingent, c'est-à-dire la prémisse mineure, puisque ces faits-là sont principes de la fin à atteindre, les cas particuliers servant de point de départ pour atteindre les universels. Nous devons donc avoir une perception des cas particuliers, et cette perception est raison intuitive.

Des qualités naturelles – (1143b6) C'est pourquoi on pense ordinairement que ces états sont des qualités naturelles, et, bien que personne ne soit philosophe naturellement, qu'on possède naturellement jugement, intelligence et raison intuitive. Une preuve, c'est que nous croyons que ces dispositions accompagnent les différents âges de la vie, et que tel âge déterminé apporte avec lui raison intuitive et jugement, convaincus que nous sommes que la nature en est la cause. Voilà pourquoi encore la raison intuitive est à la fois principe et fin, choses qui sont en même temps l'origine et l'objet des démonstrations. Par conséquent, les paroles et les opinions non démontrées des gens d'expérience, des vieillards et des personnes douées de sagesse pratique sont tout aussi dignes d'attention que celles qui s'appuient sur des démonstrations, car l'expérience leur a donné une vue exercée qui leur permet de voir correctement les choses.

CHAPITRE 13

Quelle est l'utilité de ces vertus ? – (1143b14) Nous avons donc établi quelle est la nature de la prudence et de la sagesse théorique, et quelles sont en fait leurs sphères respectives ; et nous avons montré que chacune d'elles est vertu d'une partie différente de l'âme.

(1143b17) Mais on peut se poser la question de savoir quelle est l'utilité de ces vertus. La sagesse théorique, en effet, n'étudie aucun des moyens qui peuvent rendre un homme heureux puisqu'elle ne porte en aucun cas sur un devenir ; la prudence, par contre, remplit bien ce rôle, mais en vue de quoi avons-nous besoin d'elle ? La prudence a sans doute pour objet les choses justes, belles et bonnes pour l'homme, mais ce sont là des choses qu'un homme de bien accomplit naturellement. Notre action n'est en rien facilitée par la connaissance que nous avons de ces choses s'il est vrai que les vertus sont des dispositions du caractère, pas plus que ne nous sert la connaissance des choses saines ou des choses en bon état, en prenant ces expressions non pas au sens de productrices de santé, mais comme un résultat de l'état de santé, car nous ne sommes rendus en rien plus aptes à nous bien porter ou à être en bon état par le fait de posséder l'art médical ou celui de la gymnastique.

À quoi sert la prudence ? – (1143b28) Mais si, d'un autre côté, on doit poser qu'un homme est prudent, non pas afin de connaître les vérités morales, mais afin de devenir vertueux, alors, pour ceux qui le sont déjà, la prudence ne saurait servir à rien. Bien plus, elle ne servira pas davantage à ceux qui ne le sont pas, car peu importera qu'on possède soi-même la prudence ou qu'on suive seulement les conseils d'autres qui la possèdent : il nous suffirait de faire ce que nous faisons en ce qui concerne notre santé, car tout en souhaitant de nous bien porter, nous n'apprenons pas pour autant l'art médical.

Ajoutons à cela qu'on peut trouver étrange que la prudence, bien qu'inférieure à la sagesse théorique, ait une autorité supérieure à celle de cette dernière, puisque l'art qui produit une chose quelconque gouverne et régit tout ce qui concerne cette chose. [...]

La sagesse et la prudence sont vertus des parties de l'âme – (1144a1) Premièrement, nous soutenons que la sagesse et la prudence sont nécessairement désirables en elles-mêmes, en tant du moins qu'elles sont vertus respectives de chacune des deux parties de l'âme, et cela même si ni l'une ni l'autre ne produisent rien. Secondement, ces vertus produisent en réalité quelque chose, non pas au sens où la médecine produit la santé, mais au sens où l'état de santé est cause de la santé : c'est de cette façon que la sagesse produit le bonheur, car, étant une partie de la vertu totale par sa simple possession et par son exercice, elle rend un homme heureux.

La prudence aide l'homme à jouer son rôle d'homme – (1144a6) En outre, l'œuvre propre de l'homme n'est complètement achevée qu'en conformité avec la prudence aussi bien qu'avec la vertu morale : la vertu morale, en effet, assure la rectitude du but que nous poursuivons, et la prudence celle des moyens pour parvenir à ce but. Quant à la quatrième partie de l'âme, la nutritive, elle n'a aucune vertu de cette sorte, car son action ou son inaction n'est nullement en son pouvoir.

L'homme vertueux est prudent, juste et bon – (1144a11) En ce qui regarde enfin le fait que la prudence ne nous rend en rien plus aptes à accomplir les actions nobles et justes, il nous faut reprendre d'un peu plus haut en partant d'un principe qui est le suivant. De même que nous disons de certains qui accomplissent des actions justes, qu'ils ne sont pas encore des hommes justes, ceux qui font, par exemple, ce qui est prescrit par les lois, soit malgré eux, soit par ignorance, soit pour tout autre motif, mais non pas simplement en vue d'accomplir l'action (bien qu'ils fassent assurément ce qu'il faut faire, et tout ce que l'homme vertueux est tenu de faire), ainsi, semble-t-il bien, il existe un certain état d'esprit dans lequel on accomplit ces différentes actions de façon à être homme de bien, je veux dire qu'on les fait par choix délibéré et en vue des actions mêmes qu'on accomplit. Or, la vertu morale assure bien la rectitude du choix, mais accomplir les actes tendant naturellement à la réalisation de la fin que nous avons choisie, c'est là une chose qui ne relève plus de la vertu, mais d'une autre potentialité. Mais il nous faut insister sur ce point et parler plus clairement. Il existe une certaine puissance, appelée habileté, et celle-ci est telle qu'elle est capable de faire les choses tendant au but que nous nous proposons et de les atteindre. Si le but est noble, c'est une puissance digne d'éloges, mais s'il est pervers, elle n'est que rouerie et c'est pourquoi nous appelons habiles les hommes prudents aussi bien que les roués. La prudence n'est pas la puissance dont nous parlons, mais elle n'existe pas sans cette puissance. [...] La conséquence évidente, c'est l'impossibilité d'être prudent sans être vertueux. [...]

La prudence est une droite règle – (1144b26) Mais il nous faut aller un peu plus loin : ce n'est pas seulement la disposition conforme à la droite règle qui est vertu, il faut encore que la disposition soit intimement unie à la droite règle : or, dans ce domaine, la prudence est une droite règle. Ainsi donc, Socrate pensait que les vertus sont des règles (puisqu'elles sont toutes selon lui des formes de science), tandis que, à notre avis, les vertus sont intimement unies à une règle. [...]

LIVRE VII
LES TRAVERS MORAUX : LA BESTIALITÉ, L'INTEMPÉRANCE

CHAPITRE 6

La bestialité – (1148b19) J'entends par là les dispositions bestiales comme dans l'exemple de la femme qui, dit-on, éventre de haut en bas les femmes enceintes et dévore leur fruit, ou encore ces horreurs où se complaisent, à ce qu'on raconte, certaines tribus sauvages des côtes du Pont, qui mangent des viandes crues ou de la chair humaine, ou échangent mutuellement leurs enfants pour s'en repaître dans leurs festins, ou enfin ce qu'on rapporte de Phalaris.

Les maladies – (1148b25) Ce sont là des états de bestialité, mais d'autres ont pour origine la maladie (ou parfois la folie, comme dans le cas de l'homme qui offrit sa mère en sacrifice aux dieux et la mangea, ou celui de l'esclave qui dévora le foie de son compagnon); d'autres encore sont des propensions morbides résultant de l'habitude, comme par exemple s'arracher les cheveux, ronger ses ongles ou mêmes du charbon et de la terre, sans oublier l'homosexualité. Ces pratiques sont le résultat, dans certains cas, de dispositions naturelles, et dans d'autres de l'habitude, comme chez ceux dont on a abusé dès leur enfance. […]

CHAPITRE 9

L'homme déréglé choisit librement – (1150b29) L'homme déréglé, comme nous l'avons dit, n'est pas sujet au repentir (car il persiste dans son état par son libre choix), alors que l'homme intempérant est toujours susceptible de regretter ce qu'il fait. C'est pourquoi la position adoptée dans l'énoncé que nous avons donné du problème n'est pas exacte : au contraire, c'est l'homme déréglé qui est incurable, et l'homme intempérant qui est guérissable : car la perversité est semblable à ces maladies, comme l'hydropisie ou la consomption, tandis que l'intempérance ressemble à l'épilepsie, la perversité étant un mal continu et l'intempérance un mal intermittent. Effectivement, l'intempérance et le vice sont d'un genre totalement différent : le vice est inconscient, alors que l'intempérance ne l'est pas. […]

CHAPITRE 11

L'homme intempérant ne peut respecter la règle, la raison – (1151b23) Puisqu'il existe aussi un genre d'homme constitué de telle façon qu'il ressent moins de joie qu'il ne devrait des plaisirs corporels et qu'il ne demeure pas fermement attaché à la règle, celui qui occupe la position intermédiaire entre lui et l'homme intempérant est l'homme tempérant. En effet, l'homme intempérant ne demeure pas dans la règle parce qu'il aime trop les plaisirs du corps, et cet autre dont nous parlons, parce qu'il ne les aime pas assez ; l'homme tempérant, au contraire, persiste dans la règle et ne change sous l'effet d'aucune de ces deux causes. Mais il faut bien, si la tempérance est une chose bonne, que les deux dispositions qui y sont contraires soient l'une et l'autre mauvaise, et c'est d'ailleurs bien ainsi qu'elles apparaissent. […]

E VIII
ITIÉ: LES ESPÈCES DIFFÉRENTES

CHAPITRE 1

L'amitié est toujours nécessaire – (1555a3) Après ces considérations, nous pouvons passer à la discussion sur l'amitié. L'amitié est en effet une certaine vertu, ou ne va pas sans vertu ; de plus, elle est ce qu'il y a de plus nécessaire pour vivre. Car sans amis personne ne choisirait de vivre, eût-il tous les autres biens. (Et, de fait, les gens riches et ceux qui possèdent autorité et pouvoir semblent bien avoir plus que quiconque besoin d'amis : à quoi servirait une pareille prospérité, une fois ôtée la possibilité de répandre des bienfaits, laquelle se manifeste principalement et de la façon la plus digne d'éloge à l'égard des amis ? Ou encore, comment cette prospérité serait-elle gardée et préservée sans amis ? Car plus elle est grande, plus elle est exposée au risque). Et, dans la pauvreté comme dans tout autre infortune, les hommes pensent que les amis sont l'unique refuge. L'amitié d'ailleurs est un secours aux jeunes gens, pour les préserver de l'erreur ; aux vieillards, pour leur assurer des soins et suppléer à leur manque d'activité dû à la faiblesse ; à ceux enfin qui sont dans la fleur de l'âge, pour les inciter aux nobles actions ; « Quand deux vont de compagnie » (Homère), car on est alors plus capable à la fois de penser et d'agir.

L'amitié est un sentiment naturel – (1155a16) De plus, l'affection est, semble-t-il, un sentiment naturel du père pour sa progéniture et de celle-ci pour le père, non seulement chez l'homme, mais encore chez les oiseaux et la plupart des animaux ; les individus de même race ressentent aussi une amitié mutuelle, principalement dans l'espèce humaine, et c'est pourquoi nous louons les hommes qui sont bons pour les autres. Même au cours de nos voyages au loin, nous pouvons constater à quel point l'homme ressent toujours de l'affinité et de l'amitié pour l'homme. L'amitié semble aussi constituer le lien des cités, et les législateurs paraissent y attacher un plus grand prix qu'à la justice même ; en effet, la concorde, qui paraît bien être un sentiment voisin de l'amitié, est ce que recherchent avant tout les législateurs, alors que l'esprit de faction, qui est son ennemie, est ce qu'ils pourchassent avec le plus d'énergie. Et quand les hommes sont amis, il n'y a plus besoin de justice, tandis que s'ils se contentent d'être justes, ils ont en outre besoin d'amitié, et la plus haute expression de la justice est, dans l'opinion générale, de la nature de l'amitié.

L'homme bon est un véritable ami – (1155a29) Non seulement l'amitié est une chose nécessaire, mais elle est aussi une chose noble : nous louons ceux qui aiment leurs amis, et la possession d'un grand nombre d'amis est regardée comme un bel avantage ; certains pensent même qu'il n'y a aucune différence entre un homme bon et un véritable ami.

CHAPITRE 2

Comment définir l'amitié ? – (1155a32) Les divergences d'opinion au sujet de l'amitié sont nombreuses. Les uns la définissent comme une sorte de ressemblance, et disent que ceux qui sont semblables sont amis, d'où les dictons : « Le semblable va à son semblable », « Le choucas va au choucas », et ainsi de suite. D'autres au contraire prétendent que les hommes qui se ressemblent ainsi sont toujours comme des potiers l'un envers l'autre. (1155b1) Sur ces mêmes sujets, certains recherchent une explication plus relevée et s'appuyant davantage sur des considérations d'ordre physique : pour Euripide, la terre, quand elle est desséchée, est éprise de pluie, et le ciel majestueux, saturé de pluie, aime à tomber sur la terre ; pour Héraclite, c'est ce qui est opposé qui est utile, et des dissonances résulte la plus belle harmonie, et toutes choses sont engendrées par discorde. Mais l'opinion contraire est soutenue par d'autres auteurs, et notamment par Empédocle, qui dit que le semblable tend vers le semblable.

L'amitié concerne les humains – (1155b8) Laissons de côté les problèmes d'ordre physique (qui n'ont rien à voir avec la présente enquête) ; examinons seulement les problèmes proprement humains et qui concernent les mœurs et les passions : par exemple, si l'amitié se rencontre chez tous les hommes, ou si au contraire il est impossible que des méchants soient amis ; et s'il n'y a qu'une seule espèce d'amitié ou s'il y en a plusieurs. Ceux qui pensent que l'amitié est d'une seule espèce parce qu'elle admet le plus et le moins, ajoutent foi à une indication insuffisante, puisque même les choses qui diffèrent en espèce sont susceptibles de plus et de moins. Mais nous avons discuté ce point antérieurement.

Les formes de ce qui est aimable – (1155b16) Ces matières gagneraient peut-être en clarté si nous connaissions préalablement ce qui est objet de l'amitié. Il semble, en effet, que tout ne provoque pas l'amitié, mais seulement ce qui est aimable, c'est-à-dire ce qui est bon, agréable ou utile. On peut d'ailleurs admettre qu'est utile ce par quoi est obtenu un certain bien ou un certain plaisir, de sorte que c'est seulement le bien et l'agréable qui seraient aimables, comme des fins. Dans ces conditions, est-ce que les hommes aiment le bien réel, ou ce qui est bien pour eux, car il y a parfois désaccord entre ces deux choses. Même question en ce qui concerne aussi l'agréable. Or, on admet ordinairement que chacun aime ce qui est bon pour soi-même, et que ce qui est réellement un bien est aimable d'une façon absolue, tandis que ce qui est bon pour un homme déterminé est aimable seulement pour lui. Et chaque homme aime non pas ce qui est réellement un bien pour lui, mais ce qui lui apparaît tel ; cette remarque n'a du reste ici aucune importance ; nous dirons que l'aimable est l'aimable apparent.

La bienveillance mutuelle – (1155b27) Il y a donc trois objets qui font naître l'amitié. L'attachement pour les choses inanimées ne se nomme pas amitié, puisqu'il n'y a pas attachement en retour, ni possibilité pour nous de leur désirer du bien (il serait ridicule sans doute de vouloir du bien au vin par exemple ; tout au plus souhaite-t-on sa conservation, de façon à l'avoir en notre possession) ; s'agit-il au contraire d'un ami, nous disons qu'il est de notre devoir de lui souhaiter ce qui est bon pour lui. Mais ceux qui veulent ainsi du bien à un autre, on les appelle bienveillants, quand le même souhait ne se produit pas de la part de ce dernier, car ce n'est que si la bienveillance est réciproque qu'elle est amitié. Ne faut-il pas ajouter encore que cette bienveillance mutuelle ne doit pas demeurer inaperçue ? Beaucoup de gens ont de la bienveillance pour des personnes qu'ils n'ont jamais vues, mais qu'ils jugent honnêtes ou utiles, (**1156a1**) et l'une de ces personnes peut éprouver ce même sentiment à l'égard de l'autre partie. Quoiqu'il y ait manifestement alors bienveillance mutuelle, comment pourrait-on les qualifier d'amis, alors que chacun d'eux n'a pas connaissance des sentiments personnels de l'autre ? Il faut donc qu'il y ait bienveillance mutuelle, chacun souhaitant le bien de l'autre, que cette bienveillance ne reste pas ignorée des intéressés, et qu'elle ait pour cause l'un des objets dont nous avons parlé.

CHAPITRE 3

Les trois espèces d'amitié (fondée sur l'utilité, le plaisir et la vertu) – (1156a5) Or, ces objets aimables diffèrent l'un de l'autre en espèce, et par suite aussi les attachements et les amitiés correspondantes. On aura dès lors trois espèces d'amitiés, en nombre égal à leurs objets, car, répondant à chaque espèce, il y a un attachement réciproque ne demeurant pas inaperçu des intéressés. Or, quand les hommes ont l'un pour l'autre une amitié partagée, ils se souhaitent réciproquement du bien d'après l'objet qui est à l'origine de leur amitié. Ainsi donc, ceux dont l'amitié réciproque a pour source l'utilité ne s'aiment pas l'un l'autre pour eux-mêmes, mais en tant qu'il y a quelque bien qu'ils retirent l'un de l'autre. De même encore pour ceux dont l'amitié repose sur le plaisir : ce n'est pas en raison de ce que les gens d'esprit sont ce qu'ils sont en eux-mêmes qu'ils les chérissent, mais parce qu'ils les trouvent agréables personnellement. Par suite, ceux dont l'amitié est fondée sur l'utilité aiment pour leur propre bien, et ceux qui aiment en raison du plaisir, pour leur propre agrément, et non pas, dans l'un et l'autre cas, en tant que ce que la personne est en elle-même, mais en tant qu'elle est utile ou agréable. Dès lors, ces amitiés ont un caractère accidentel, puisque ce n'est pas en tant que ce qu'elle est essentiellement que la personne aimée est aimée, mais en tant qu'elle procure quelque bien ou quelque plaisir, selon le cas. Les amitiés de ce genre sont par suite fragiles, dès que les deux amis ne demeurent pas pareils à ce qu'ils étaient : s'ils ne sont plus agréables ou utiles l'un à l'autre, ils cessent d'être amis. Or, l'utilité n'est pas une chose durable, mais elle varie suivant les époques. Aussi, quand la cause qui faisait l'amitié a disparu, l'amitié elle-même est-elle rompue, attendu que l'amitié n'existe qu'en vue de la fin en question.

L'amitié utile – (1156a23) C'est surtout chez les vieillards que cette sorte d'amitié se rencontre (car les personnes de cet âge ne poursuivent pas l'agrément mais le profit), et aussi chez ceux des hommes faits et des jeunes gens qui recherchent leur intérêt. Les amis de cette sorte ne se plaisent guère à vivre ensemble, car parfois ils ne sont pas même agréables l'un à l'autre ; ils n'ont dès lors nullement besoin d'une telle fréquentation, à moins qu'ils n'y trouvent leur intérêt, puisqu'ils ne se plaisent l'un avec l'autre que dans la mesure où ils ont l'espérance de quelque bien. À ces amitiés on rattache aussi celle envers les hôtes.

L'amitié fondée sur le plaisir ou agréable – (1156a31) D'autre part, l'amitié chez les jeunes gens semble avoir pour fondement le plaisir ; car les jeunes gens vivent sous l'empire de la passion, et ils poursuivent surtout ce qui leur plaît personnellement et le plaisir du moment ; mais, en avançant en âge, les choses qui leur plaisent ne demeurent pas les mêmes. C'est pourquoi ils forment rapidement des amitiés et les abandonnent avec la même facilité, car leur amitié change avec l'objet qui leur donne du plaisir, (**1156b1**) et les plaisirs de cet âge sont sujets à de brusques variations. Les jeunes gens ont aussi un penchant à l'amour, car une grande part de l'émotion amoureuse relève de la passion et a pour source le plaisir. De là vient qu'ils aiment et cessent d'aimer avec la même rapidité, changeant plusieurs fois dans la même journée. Ils souhaitent aussi passer leur temps et leur vie en compagnie de leurs amis, car c'est de cette façon que se présente pour eux ce qui a trait à l'amitié.

CHAPITRE 4

L'amitié vertueuse ou parfaite – (1156b7) Mais la parfaite amitié est celle des hommes vertueux et qui sont semblables en vertu : car ces amis-là se souhaitent pareillement du bien les uns aux autres en tant qu'ils sont bons, et ils sont bons par eux-mêmes. Mais ceux qui souhaitent du bien à leurs amis, pour l'amour de ces derniers, sont des amis par excellence (puisqu'ils se comportent ainsi l'un envers l'autre en raison de la propre nature de chacun d'eux, et non par accident) ; aussi leur amitié persiste-t-elle aussi longtemps qu'ils sont eux-mêmes bons, et la vertu est une disposition stable. Et chacun d'eux est bon à la fois absolument et pour son ami, puisque les hommes bons sont en même temps bons absolument, et utiles les uns aux autres. Et, de la même façon qu'ils sont bons, ils sont agréables aussi l'un pour l'autre : les hommes bons sont à la fois agréables absolument et agréables les uns pour les autres, puisque chacun fait résider son plaisir dans les actions qui expriment son caractère propre, et, par suite, dans celles qui sont de même nature, et que, d'autre part, les actions des gens de bien sont identiques ou semblables à celles des autres gens de bien. Il est normal qu'une amitié de ce genre soit stable, car en elle se trouvent réunies toutes les qualités qui doivent appartenir aux amis. Toute amitié, en effet, a pour source le bien ou le plaisir, bien ou plaisir envisagés soit au sens absolu, soit seulement pour celui qui aime, c'est-à-dire en raison d'une certaine ressemblance ; mais, dans le cas de cette amitié, toutes les qualités que nous avons indiquées appartiennent aux amis par eux-mêmes (car en cette amitié les amis sont semblables aussi pour les autres qualités) et ce qui est bon absolument est aussi agréable absolument. Or, ce sont là les principaux objets de l'amitié, et dès lors l'affection et l'amitié existent chez ces amis au plus haut degré et en la forme la plus excellente.

L'amitié vertueuse est rare – (1156b25) Il est naturel que les amitiés de cette espèce soient rares, car de tels hommes sont en petit nombre. En outre, elles exigent comme condition supplémentaire du temps et des habitudes communes, car, selon le proverbe, il n'est pas possible de se connaître l'un l'autre avant d'avoir consommé ensemble la mesure de sel dont parle le dicton, ni d'admettre quelqu'un dans son amitié, ou d'être réellement amis, avant que chacun des intéressés se soit montré à l'autre comme un digne objet d'amitié et lui ait inspiré de la confiance. Et ceux qui s'engagent rapidement dans les liens d'une amitié réciproque ont assurément la volonté d'être amis, mais ils ne le sont pas en réalité, à moins qu'ils ne soient aussi dignes d'être aimés l'un et l'autre, et qu'ils aient connaissance de leurs sentiments : car si la volonté de contracter une amitié est prompte, l'amitié ne l'est pas.

CHAPITRE 5

Les différences entre les amitiés – (1156b32) Cette amitié, donc, est parfaite, aussi bien en raison de sa durée que pour le reste, et, à tous ces points de vue, chaque partie reçoit de l'autre les mêmes avantages ou des avantages semblables, ce qui est précisément la règle entre amis. L'amitié fondée sur le plaisir a de la ressemblance avec la précédente (**1157a1**) (puisque les hommes bons sont aussi des gens agréables les uns aux autres); et il en est encore de même pour celle qui est basée sur l'utilité (puisque les hommes de bien sont utiles aussi les uns aux autres). Dans ces deux derniers cas, l'amitié atteint son maximum de durée quand l'avantage que retirent réciproquement les deux parties est le même, par exemple le plaisir, et non seulement cela, mais encore quand sa source est la même, comme c'est le cas d'une amitié entre personnes d'esprit, alors qu'il en est tout différemment dans le commerce de l'amant et de l'aimé. Ces derniers, en effet, ne trouvent pas leur plaisir dans les mêmes choses : pour l'un, le plaisir consiste dans la vue de l'aimé, et pour l'autre, dans le fait de recevoir les petits soins de l'amant; et la fleur de la jeunesse venant à se faner, l'amour se fane aussi (à celui qui aime, la vue de l'aimé ne cause pas de plaisir, et à l'être aimé, on ne rend plus de soins); dans beaucoup de cas, en revanche, l'amour persiste quand l'intimité a rendu cher à chacun d'eux le caractère de l'autre, étant tous les deux d'un caractère semblable. Mais ceux dont les relations amoureuses reposent sur une réciprocité, non pas même de plaisir mais seulement d'utilité, ressentent aussi une amitié moins vive et moins durable. Et l'amitié basée sur l'utilité disparaît en même temps que le profit : car ces amis-là ne s'aimaient pas l'un l'autre, mais n'aimaient que leur intérêt.

Seuls les hommes vertueux peuvent être amis – (1157a16) Par conséquent, si l'amitié fondée sur le plaisir ou sur l'utilité peut exister entre deux hommes vicieux, ou entre un homme vicieux et un homme de bien, ou enfin entre un homme ni bon ni mauvais et n'importe quel autre, mais il est clair que seuls les hommes vertueux peuvent être amis pour ce qu'ils sont en eux-mêmes; les méchants, en effet, ne ressentent aucune joie l'un de l'autre, s'il n'y a pas quelque intérêt en jeu.

Les caractéristiques de l'amitié véritable – (1157a20) Seule encore l'amitié entre gens de bien est à l'abri des traverses : on ajoute difficilement foi à un propos concernant une personne qu'on a soi-même pendant longtemps mise à l'épreuve; et c'est parmi les gens vertueux qu'on rencontre la confiance, l'incapacité de se faire jamais du tort, et toutes les autres qualités qu'exige la véritable amitié. Dans les autres formes d'amitié, rien n'empêche les maux opposés de se produire.

Les fausses amitiés – (1157a25) Mais, étant donné que les hommes appellent aussi amis à la fois ceux qui ne recherchent que leur utilité, comme cela arrive pour les cités (car on admet généralement que les alliances entre cités se forment en vue de l'intérêt), et ceux dont la tendresse réciproque repose sur le plaisir, comme c'est le cas chez les enfants : dans ces conditions, peut-être nous aussi devrions-nous désigner du nom d'amis ceux qui entretiennent des relations de ce genre, et dire qu'il existe plusieurs espèces d'amitié, dont l'une, prise au sens premier et fondamental, est l'amitié des gens vertueux en tant que vertueux, tandis que les deux autres ne sont des amitiés que par ressemblance : en effet, dans ces derniers cas, on n'est amis que sous l'angle de quelque bien ou de quelque chose de semblable, puisque même le plaisir est un bien pour ceux qui aiment le plaisir. Mais ces deux formes inférieures de l'amitié sont loin de coïncider entre elles, et les hommes ne deviennent pas amis à la fois par intérêt et par plaisir, car on ne trouve pas souvent unies ensemble les choses liées d'une façon accidentelle.

CHAPITRE 6

L'amitié véritable est exigeante – (**1157b1**) Telles étant les différentes espèces entre lesquelles se distribue l'amitié, les hommes pervers seront amis par plaisir ou par intérêt, étant sous cet aspect semblables entre eux, tandis que les hommes vertueux seront amis par ce qu'ils sont en eux-mêmes, c'est-à-dire en tant qu'ils sont bons. Ces derniers sont ainsi des amis au sens propre, alors que les précédents ne le sont que par accident et par ressemblance avec les véritables amis.

*Il faut partager son existence avec ses ami*s – (1157b5) De même que, dans la sphère des vertus, les hommes sont appelés bons, soit d'après une disposition, soit d'après une activité, ainsi en est-il pour l'amitié : les uns mettent leur plaisir à partager leur existence et à se procurer l'un à l'autre du bien, tandis que ceux qui sont endormis ou habitent des lieux séparés ne sont pas des amis en acte, mais sont cependant dans une disposition de nature à exercer leur activité d'amis. Car les distances ne détruisent pas l'amitié absolument, mais empêchent son exercice. Si cependant l'absence se prolonge, elle semble bien entraîner l'oubli de l'amitié elle-même. D'où le proverbe : « Un long silence a mis fin à de nombreuses amitiés ». On ne voit d'ailleurs ni les vieillards, ni les gens moroses être enclins à l'amitié : médiocre est en eux le côté plaisant, et personne n'est capable de passer son temps en compagnie d'un être chagrin et sans agrément, la nature paraissant par-dessus tout fuir ce qui est pénible et tendre à ce qui est agréable. Quant à ceux qui se reçoivent dans leur amitié tout en ne vivant pas ensemble, ils sont plutôt semblables à des gens bienveillants qu'à des amis. Rien, en effet, ne caractérise mieux l'amitié que la vie en commun : ceux qui sont dans le besoin aspirent à l'aide de leurs amis, et même les gens comblés souhaitent passer leur temps ensembles, car la solitude leur convient moins qu'à tous autres. Mais il n'est pas possible de vivre les uns avec les autres si on n'en retire aucun agrément et s'il n'y a pas communauté de goûts, ce qui, semble-t-il, est le lien de l'amitié entre camarades.

CHAPITRE 7

L'homme vertueux est bon et plaisant – (1157b25) L'amitié est donc surtout celle des gens vertueux, comme nous l'avons dit à plusieurs reprises. On admet, en effet, que ce qui est bon ou plaisant, au sens absolu, est digne d'amitié et de choix, tandis que ce qui est bon ou plaisant pour telle personne déterminée n'est digne d'amitié et de choix que pour elle. Et l'homme vertueux l'est pour l'homme vertueux pour ces deux raisons à la fois. (L'attachement semble être une émotion, et l'amitié une disposition, car l'attachement s'adresse même aux êtres inanimés, mais l'amour réciproque s'accompagne d'un choix délibéré, et ce choix provient d'une disposition). Et quand les hommes souhaitent du bien à ceux qu'ils aiment pour l'amour même de ceux-ci, ce sentiment relève non pas d'une émotion, mais d'une disposition. En aimant leur ami, ils aiment ce qui est bon pour eux-mêmes, puisque l'homme bon, en devenant un ami, devient un bien pour celui qui est son ami. Ainsi, chacun des deux amis à la fois aime son propre bien et rend exactement à l'autre ce qu'il en reçoit, en souhait et en plaisir. On dit, en effet, que l'amitié est une égalité, et c'est principalement dans l'amitié (**1158a1**) entre gens de bien que ces marques se rencontrent.

L'amitié chez les gens moroses (acariâtres) – (1158a2) Chez les personnes moroses ou âgées, l'amitié naît moins souvent en tant qu'elles ont l'humeur trop chagrine et se plaisent médiocrement aux fréquentations, alors que les qualités opposées sont considérées comme les marques les plus caractéristiques de l'amitié et les plus favorables à sa production. Aussi, tandis que les jeunes gens deviennent rapidement amis, pour les vieillards il en est tout différemment : car on ne devient pas amis de gens avec lesquels on n'éprouve aucun sentiment de joie. Même observation pour les personnes de caractère morose. Il est vrai que ces deux sortes de gens peuvent ressentir de la bienveillance les uns pour les autres (ils se souhaitent du bien, et vont au secours l'un de l'autre dans leurs besoins), mais on peut difficilement les appeler des amis, parce qu'ils ne vivent pas ensemble, ni ne se plaisent les uns avec les autres : or, ce sont là les deux principaux caractères qu'on reconnaît à l'amitié.

On ne peut posséder plusieurs bons amis – (1158a10) On ne peut pas être un ami pour plusieurs personnes, dans l'amitié parfaite, pas plus qu'on ne peut être amoureux de plusieurs personnes en même temps (car l'amour est une sorte d'excès, et un état de ce genre n'est naturellement ressenti qu'envers un seul) ; et peut-être même n'est-il pas aisé de trouver un grand nombre de gens de bien. On doit aussi acquérir quelque expérience de son ami et entrer dans son intimité, ce qui est d'une extrême difficulté. Par contre, si on recherche l'utilité ou le plaisir, il est possible de plaire à beaucoup de personnes, car nombreux sont les gens de cette sorte, et les services qu'on en reçoit ne se font pas attendre longtemps. De ces deux dernières formes d'amitié, celle qui repose sur le plaisir ressemble davantage à la véritable amitié, quand les deux parties retirent à la fois les mêmes satisfactions l'une de l'autre et qu'elles ressentent une joie mutuelle ou se plaisent aux mêmes choses : telles sont les amitiés entre jeunes gens, car il y a en elles plus de générosité ; au contraire, l'amitié basée sur l'utilité est celle d'âmes mercantiles. Quand à ceux qui sont comblés par la vie, ils ont besoin non pas d'amis utiles, mais d'amis agréables, parce qu'ils souhaitent vivre en compagnie de quelques personnes ; et bien qu'ils puissent supporter un court temps ce qui leur est pénible, ils ne pourraient jamais l'endurer d'une façon continue, pas plus qu'ils ne le pourraient même pour le bien en soi, s'il leur était à charge. C'est pourquoi les gens heureux recherchent les amis agréables. Sans doute devraient-ils aussi rechercher des amis qui, tout en ayant cette dernière qualité, soient aussi gens de bien, et en outre bons et plaisants pour eux, possédant ainsi tous les caractères exigés de l'amitié.

Différences entre l'amitié utile et l'amitié agréable – (1158a28) Les hommes appartenant aux classes dirigeantes ont, c'est un fait, leurs amis séparés en groupes distincts : les uns leur sont utiles, et d'autres agréables, mais ce sont rarement les mêmes à la fois. Ils ne recherchent pour amis ni ceux dont l'agrément s'accompagne de vertu, ni ceux dont l'utilité servirait de nobles desseins, mais ils veulent des gens d'esprit quand ils ont envie de s'amuser, et quant aux autres, ils les veulent habiles à exécuter leurs ordres, toutes exigences qui se rencontrent rarement dans la même personne. Nous avons dit que l'homme de bien est en même temps utile et agréable, mais un tel homme ne devient pas ami d'un autre occupant une position sociale plus élevée, à moins que cet autre ne le surpasse aussi en vertu : sinon, l'homme de bien, surpassé par le supérieur, ne peut réaliser une égalité proportionnelle. Mais on n'est pas habitué à rencontrer fréquemment des hommes puissants de cette espèce.

CHAPITRE 8

Conclusion sur ces différents sujets – (**1158b1**) Quoi qu'il en soit, les amitiés dont nous avons parlé impliquent égalité : les deux parties retirent les mêmes avantages l'une de l'autre et se souhaitent réciproquement les mêmes biens, ou encore échangent une chose contre une autre, par exemple plaisir contre profit. Nous avons dit que ces dernières formes de l'amitié sont d'un ordre inférieur et durent moins longtemps. Mais du fait qu'à la fois elles ressemblent et ne ressemblent pas à la même chose, on peut aussi bien penser qu'elles sont des amitiés et qu'elles n'en sont pas par leur ressemblance ; en effet, avec l'amitié fondée sur la vertu, elles paraissent bien être des amitiés (car l'une comporte le plaisir et l'autre l'utilité, et ces caractères appartiennent aussi à l'amitié fondée sur la vertu), par contre, du fait que l'amitié basée sur la vertu est à l'abri des traverses et demeure stable, tandis que les autres amitiés changent rapidement et diffèrent en outre de la première sur beaucoup d'autres points, ces amitiés-là ne semblent pas être des amitiés, à cause de leur dissemblance avec l'amitié véritable.

L'amitié entre supérieur et inférieur – (**1158b12**) Mais il existe une autre espèce d'amitié, c'est celle qui comporte une supériorité d'une partie sur l'autre, par exemple l'affection d'un père à l'égard de son fils, et, d'une manière générale, d'une personne plus âgée à l'égard d'une autre plus jeune, ou encore celle du mari envers sa femme, ou d'une personne exerçant une autorité quelconque envers un inférieur. Ces diverses amitiés diffèrent aussi entre elles : l'affection des parents pour leurs enfants n'est pas la même que celle des chefs pour leurs inférieurs ; bien plus, celle du père pour son fils n'est pas la même que celle du fils pour son père, ni celle du mari pour sa femme la même que celle de la femme pour son mari. En effet, chacune de ces personnes a une vertu et une fonction différentes, et différentes sont aussi les raisons qui les font s'aimer : il en résulte une différence dans les attachements et les amitiés. Dès lors, il n'y a pas identité dans les avantages que chacune des parties retire de l'autre, et elles ne doivent pas non plus y prétendre ; mais, quand les enfants rendent à leurs parents ce qu'ils doivent aux auteurs de leurs jours, et que les parents rendent à leurs enfants ce qu'ils doivent à leur progéniture, l'amitié entre de telles personnes sera stable et équitable. Et, dans toutes les amitiés comportant supériorité, il faut aussi que l'attachement soit proportionnel : ainsi, celui qui est meilleur que l'autre doit être aimé plus qu'il n'aime ; il en sera de même pour celui qui est plus utile, et de même dans chacun des autres cas. Quand, en effet, l'affection est fonction du mérite des parties, alors il se produit une sorte d'égalité, égalité qui est considérée comme un caractère propre de l'amitié.

CHAPITRE 9

L'égalité en amitié – (1158b29) Mais l'égalité ne semble pas revêtir la même forme dans le domaine des actions justes et dans l'amitié. Dans le cas des actions justes, l'égal au sens premier est ce qui est proportionné au mérite, tandis que l'égal en quantité n'est qu'un sens dérivé ; au contraire, dans l'amitié, l'égal en quantité est le sens premier, et l'égal proportionné au mérite, le sens secondaire.

(1159b33) Ce que nous disons là saute aux yeux : quand une disparité considérable se produit sous le rapport de la vertu, ou du vice, ou des ressources matérielles, ou de quelque autre chose, les amis ne sont plus longtemps amis, et ils ne prétendent même pas à le rester. Mais le cas le plus frappant est celui des dieux, chez qui la supériorité en toute espèce de biens est la plus indiscutable. Mais on le voit aussi quand il s'agit des rois : **(1159a1)** en ce qui les concerne, les hommes d'une situation par trop inférieure ne peuvent non plus prétendre à leur amitié, pas plus d'ailleurs que les gens dépourvus de tout mérite ne songent à se lier avec les hommes les plus distingués par leur excellence ou leur sagesse. Il est vrai qu'en pareil cas, on ne peut déterminer avec précision jusqu'à quel point des amis sont encore des amis : les motifs sur lesquels l'amitié repose disparaissant en grande partie, elle persiste encore. Toutefois, si l'un des amis est séparé par un intervalle considérable, comme par exemple Dieu est éloigné de l'homme, il n'y a plus d'amitié possible. C'est même ce qui a donné lieu à la question de savoir si, en fin de compte, les amis souhaitent vraiment pour leurs amis les biens les plus grands, comme par exemple d'être des dieux, car alors ce ne seront plus des amis pour eux, ni par suite des biens, puisque les amis sont des biens. Par conséquent, si nous avons eu raison de dire que l'ami désire du bien à son ami en vue de cet ami même, celui-ci devrait demeurer ce qu'il est, quoi qu'il puisse être, tandis que l'autre souhaitera à son ami seulement les plus grands biens compatibles avec la persistance de sa nature d'homme. On ne lui souhaitera peut-être même pas tous les plus grands biens, car c'est surtout pour soi-même que tout homme souhaite les choses qui sont bonnes.

Aimer est plus important qu'être aimé – (1159a14) La plupart des hommes poussés par le désir de l'honneur paraissent souhaiter être aimés plutôt qu'aimer (de là vient qu'on aime généralement les flatteurs, car le flatteur est un ami en état d'infériorité ou qui fait du moins semblant d'être tel et d'aimer plus qu'il n'est aimé) ; or, être aimé et être honoré sont, semble-t-il, des notions très rapprochées, et c'est à être honorés que la majorité des hommes aspirent. Mais il apparaît qu'on ne choisit pas l'honneur pour lui-même, mais seulement par accident. En effet, on se plaît la plupart du temps à recevoir des marques de considération de la part des hommes en place, en raison des espérances qu'ils font naître (car on pense obtenir d'eux ce dont on peut avoir besoin, quoi que ce soit; dès lors, c'est comme signe d'un bienfait à recevoir qu'on se réjouit de l'honneur qu'ils nous rendent). Ceux qui, d'autre part, désirent être honorés par les gens de bien et de savoir, aspirent, ce faisant, à renforcer leur propre opinion sur eux-mêmes. Ils se réjouissent dès lors de l'honneur qu'ils reçoivent, parce qu'ils sont assurés de leur propre valeur morale sur la foi du jugement porté par ceux qui la répandent. D'un autre côté, on se réjouit d'être aimé par cela même. Il résulte de tout cela qu'être aimé peut sembler préférable à être honoré, et que l'amitié est désirable par elle-même.

Aimer ou être aimé – (1159a28) Mais il paraît bien que l'amitié consiste plutôt à aimer qu'à être aimé. Ce qui le montre bien, c'est la joie que les mères ressentent à aimer leurs enfants. Certaines les mettent en nourrice, et elles les aiment en sachant qu'ils sont leurs enfants, mais ne cherchent pas à être aimées en retour, si les deux choses à la fois ne sont pas possibles, mais il leur paraît suffisant de les voir prospérer; et elles-mêmes aiment leurs enfants, même si ces derniers ne leur rendent rien de qui est dû à une mère, à cause de l'ignorance où ils se trouvent.

CHAPITRE 10

Aimer proportionnellement au mérite – (1159a33). Étant donné que l'amitié consiste plutôt dans le fait d'aimer, et qu'on loue ceux qui aiment leurs amis, il semble bien qu'aimer soit la vertu des amis, de sorte que ceux dans lesquels ce sentiment se rencontre proportionné au mérite de leur ami sont des amis constants, et leur amitié l'est aussi. (**1159b1**) – C'est de cette façon surtout que même les hommes de condition inégale peuvent être amis, car ils seront ainsi rendus égaux. Or, l'égalité et la ressemblance constituent l'affection, particulièrement la ressemblance de ceux qui sont semblables en vertu : car, étant stables en eux-mêmes, ils le demeurent aussi dans leurs rapports mutuels et ils ne demandent ni ne rendent des services dégradants, mais on peut même dire qu'ils y mettent obstacle. Car le propre des gens vertueux c'est à la fois d'éviter l'erreur pour eux-mêmes et de ne pas la tolérer chez leurs amis. Les méchants, au contraire, n'ont pas la stabilité, car ils ne demeurent même pas semblables à eux-mêmes, mais ils ne deviennent amis que pour un temps fort court, se délectant à leur méchanceté réciproque. Ceux dont l'amitié repose sur l'utilité ou le plaisir demeurent amis plus longtemps que les précédents, à savoir aussi long-temps qu'ils se procurent réciproquement des plaisirs ou des profits.

Les amitiés contraires – (1159b12) C'est l'amitié basée sur l'utilité qui, semble-t-il, se forme le plus fréquemment à partir de personnes de conditions opposées, par exemple l'amitié d'un pauvre pour un riche, d'un ignorant pour un savant ; car, quand on se trouve dépourvu d'une chose dont on a envie, on donne une autre chose en retour pour l'obtenir. On peut encore ranger sous ce chef le lien qui unit un amant et son aimé, un homme beau et un homme laid. C'est pourquoi l'amant apparaît parfois ridicule, quand il a la prétention d'être aimé comme il aime : s'il était pareillement aimable, sans doute sa prétention serait-elle justifiée, mais s'il n'a rien de tel à offrir, elle est ridicule.

(1159b19) Mais peut-être le contraire ne tend-il pas au contraire par sa propre nature, mais seulement par accident, le désir ayant en réalité pour objet le moyen, car le moyen est ce qui est bon : ainsi, il est bon pour le sec non pas de devenir humide, mais d'atteindre à l'état intermédiaire, et pour le chaud et les autres qualités il en est de même.

CHAPITRE 11

L'amitié et la justice dans la communauté – (1159b25) Mais laissons de côté ces dernières considérations (et de fait elles sont par trop étrangères à notre sujet). Il semble bien, comme nous l'avons dit au début, que l'amitié et la justice ont rapport aux mêmes objets et interviennent entre les mêmes personnes. En effet, en toute communauté, on trouve, semble-t-il, quelque forme de justice et aussi d'amitié coextensive : aussi les hommes appellent-ils du nom d'amis leurs compagnons de navigation et leurs compagnons d'armes, ainsi que ceux qui leur sont associés dans les autres genres de communauté. Et l'étendue de leur association est la mesure de l'étendue de leur amitié, car elle détermine aussi l'étendue de leurs droits. En outre, le proverbe « ce que possèdent des amis est commun » est bien exact, car c'est dans une mise en commun que consiste l'amitié. Il y a entre frères, ainsi qu'entre camarades, communauté totale, mais, pour les autres amis, la mise en commun ne porte que sur des choses déterminées, plus ou moins nombreuses selon les cas : car les amitiés aussi suivent les mêmes variations en plus ou en moins. Les rapports de droit admettent aussi des différences : les droits des parents et des enfants ne sont pas les mêmes que ceux des frères entre eux, (**1160a1**) ni ceux des camarades les mêmes que ceux des citoyens ; et il en est de même pour les autres formes d'amitié. Il y a par suite aussi des différences en ce qui concerne les injustices commises dans chacune de ces différentes classes d'associés, et l'injustice acquiert un surcroît de gravité quand elle s'adresse davantage à des amis : par exemple, il est plus choquant de dépouiller de son argent un camarade concitoyen, plus choquant de refuser son assistance à un frère q étranger, plus choquant enfin de frapper son père qu'une autre pe quelconque. Et il est naturel aussi que la justice croisse en même temps que l'amitié, attendu que l'une et l'autre existent entre les mêmes personnes et possèdent une égale extension.

La recherche du bien commun – (1160a9) Mais toutes les communautés ne sont, pour ainsi dire, que des fractions de la communauté politique. On se réunit, par exemple, pour voyager ensemble en vue de s'assurer quelque avantage déterminé, et de se procurer quelqu'une des choses nécessaires à la vie, et c'est aussi en vue de l'avantage de ses membres, pense-t-on généralement, que la communauté politique s'est constituée à l'origine et continue à se maintenir. Et cette utilité commune est le but visé par les législateurs, qui appellent juste ce qui est à l'avantage de tous. Ainsi, les autres communautés ont leur avantage particulier : par exemple, les navigateurs, en naviguant ensemble, ont en vue l'avantage d'acquérir de l'argent ou quelque chose d'analogue ; pour les compagnons d'armes, c'est le butin, que ce soit richesses, ou victoire, ou prise d'une ville qu'ils désirent ; et c'est le cas également des membres d'une tribu ou d'un dème (certaines communautés semblent avoir pour origine l'agrément, par exemple celles qui unissent les membres d'un thiase[46] ou d'un cercle dans lequel chacun paie sa contribution, associations constituées respectivement en vue d'offrir un sacrifice ou d'entretenir des relations de société. Mais toutes ces communautés semblent bien être subordonnées à la communauté politique, car la communauté politique n'a pas pour but l'avantage présent, mais ce qui est utile à la vie tout entière), qui offrent des sacrifices et tiennent des réunions à cet effet, rendant ainsi des honneurs aux dieux et se procurant en même temps pour eux-mêmes des distractions agréables. En effet, les sacrifices et les réunions d'ancienne origine ont lieu, c'est un fait, après la récolte des fruits et présentent le caractère d'une offrande des prémices : car c'est la saison de l'année où le peuple avait le plus de loisir. Toutes ces communautés sont donc manifestement des fractions de la communauté politique, et les espèces particulières d'amitiés correspondent aux espèces particulières de communautés.

CHAPITRE 12

Les trois espèces de constitution politique et leurs déviations – (1160a31) Il y a trois espèces de constitutions et aussi un nombre égal

---

[46] Nom d'associations religieuses chez les Grecs.

de déviations, c'est-à-dire de corruptions auxquelles elles sont sujettes. Les constitutions sont la royauté, l'aristocratie et, en troisième lieu, celle qui est fondée sur le cens et qui, semble-t-il, peut recevoir le qualificatif approprié de timocratie[47], quoique, en fait, on a coutume de l'appeler la plupart du temps république. La meilleure de ces constitutions est la royauté et la plus mauvaise la timocratie. La déviation de la royauté est la tyrannie. Toutes deux sont des monarchies, (**1160b1**) mais elles diffèrent du tout au tout : le tyran n'a en vue que son avantage personnel, tandis que le roi a en vue celui de ses sujets. En effet, n'est pas réellement roi celui qui ne se suffit pas à lui-même, c'est-à-dire ne possède pas la supériorité en toutes sortes de biens ; mais le roi, tel que nous le supposons, n'ayant besoin de rien de plus qu'il n'a, n'aura pas en vue ses propres intérêts, mais ceux de ses sujets, car le roi ne possédant pas ces caractères ne serait qu'un roi désigné par le sort.

Les mauvaises constitutions politiques – (1160b8) La tyrannie est tout le contraire de la royauté, car le tyran poursuit son bien propre. Et on aperçoit plus clairement dans le cas de la tyrannie qu'elle est la pire des déviations, le contraire de ce qu'il y a de mieux étant ce qu'il y a de plus mauvais. De la royauté on passe à la tyrannie, car la tyrannie est une perversion de monarchie, et dès lors le mauvais roi devient tyran. De l'aristocratie on passe à l'oligarchie par le vice des gouvernants, qui distribuent ce qui appartient à la cité sans tenir compte du mérite, et s'attribuent à eux-mêmes tous les biens ou la plupart d'entre eux, et réservent les magistratures toujours aux mêmes personnes, ne faisant cas que de la richesse ; dès lors, le gouvernement est aux mains d'un petit nombre d'hommes pervers au lieu d'appartenir aux plus capables. De la timocratie on passe à la démocratie : elles sont en effet limitrophes, puisque la timocratie a aussi pour idéal le règne de la majorité, et que sont égaux tous ceux qui répondent aux conditions du cens[48]. La démocratie est le moins mauvais des gouvernements corrompus, car elle n'est qu'une légère déviation de la forme du gouvernement républicain. Telles sont donc les transformations auxquelles les constitutions sont surtout exposées (car ce sont là des changements minimes et qui se produisent le plus facilement).

Les trois formes d'organisation familiale – (1160b22) On peut trouver des ressemblances à ces constitutions, des modèles en quelque sorte, jusque dans l'organisation domestique. En effet, la communauté existant

---

[47] La timocratie est le gouvernement de ceux qui possèdent de la valeur, de l'honneur, ou des biens.

[48] Délimitation des droits politiques fondé sur la valeur ou les propriétés.

entre un père et ses enfants est de type royal (puisque le père prend soin de ses enfants ; de là vient qu'Homère désigne Zeus du nom de père, car la royauté a pour idéal d'être un gouvernement paternel). Chez les Perses, l'autorité paternelle est tyrannique (car ils se servent de leurs enfants comme d'esclaves). Tyrannique aussi est l'autorité du maître sur ses esclaves (l'avantage du maître s'y trouvant seul engagé ; or, si cette dernière sorte d'autorité apparaît comme légitime, l'autorité paternelle de type perse est au contraire fautive, car des relations différentes appellent des formes de commandement différentes). La communauté du mari et de sa femme semblent être de type aristocratique (le mari exerçant l'autorité en raison de la dignité de son sexe, et dans des matières où la main d'un homme doit se faire sentir ; mais les travaux qui conviennent à une femme, il les lui abandonne). Quand le mari étend sa domination sur toutes choses, il transforme la communauté conjugale en oligarchie (puisqu'il agit ainsi en violation de ce qui sied à chaque époux, et a non en vertu de sa supériorité). **(1161a1)** Parfois, cependant, ce sont les femmes qui gouvernent quand elles sont héritières, mais alors leur autorité ne s'exerce pas en raison de l'excellence de la personne, mais elle est due à la richesse et au pouvoir, tout comme dans les oligarchies. La communauté entre frères est semblable à une timocratie (il y a égalité entre eux, sauf dans la mesure où ils diffèrent par l'âge ; et c'est ce qui fait précisément que si la différence d'âge est considérable, l'affection qui les unit n'a plus rien de fraternel). La démocratie se rencontre principalement dans les demeures sans maîtres (car là tous les individus sont sur un pied d'égalité), et dans celles où le chef est faible et où chacun a licence de faire ce qui lui plaît.

CHAPITRE 13

Liens entre l'amitié et les constitutions politiques (les trois formes) – **(1161a10)** Pour chaque forme de constitution on voit apparaître une amitié, laquelle est coextensive aussi aux rapports de justice.

(A) L'affection d'un roi pour ses sujets réside dans une supériorité de bienfaisance, car un roi fait du bien à ses sujets si, étant lui-même bon, il prend soin d'eux en vue d'assurer leur prospérité, comme un berger le fait pour son troupeau. De là vient qu'Homère a appelé Agamemnon *pasteur des peuples*. De même nature est aussi l'amour paternel, lequel cependant l'emporte ici par la grandeur des services rendus, puisque le père est l'auteur de l'existence de son enfant (ce qui, de l'avis général, est le plus grand des dons), ainsi que de son entretien et de son éducation ; et ces bienfaits sont attribués également aux ancêtres. Et, de fait, c'est une chose naturelle qu'un père gouverne ses enfants, des ancêtres leurs descendants, et un roi ses sujets. Ces diverses amitiés impliquent supériorité de bienfaits de la part d'une des parties, et c'est pourquoi encore les parents sont honorés par leurs enfants. Dès lors, les rapports de justice entre les personnes dont nous parlons ne sont pas identiques des deux côtés, mais sont proportionnés au mérite de chacun, comme c'est le cas aussi de l'affection qui les unit.

(B) L'affection entre mari et femme est la même que celle qu'on trouve dans le régime aristocratique, puisqu'elle est proportionnée à l'excellence personnelle, et qu'au meilleur revient une plus large part de biens, chaque époux recevant ce qui lui est exactement approprié ; et il en est ainsi encore pour les rapports de justice.

(C) L'affection entre frères ressemble à celle des camarades : ils sont, en effet, égaux et de même âge, et tous ceux qui remplissent cette double condition ont la plupart du temps mêmes sentiments et même caractère. Pareille à l'affection fraternelle est celle qui existe dans le régime timocratique, car ce gouvernement a pour idéal l'égalité et la vertu des citoyens, de sorte que le commandement appartient à ces derniers à tour de rôle, et que tous y participent sur un pied d'égalité. Cette égalité caractérise aussi l'amitié correspondante. Dans les formes déviées de constitutions, de même que la justice n'y tient qu'une place restreinte, ainsi en est-il de l'amitié, et elle est réduite à un rôle insignifiant dans la forme la plus pervertie, je veux dire dans la tyrannie, où l'amitié est nulle ou faible. En effet, là où il n'y a rien de commun entre gouvernant et gouverné, il n'y a non plus aucune amitié, puisqu'il n'y a pas même de justice : il en est comme dans la relation d'un artisan avec son outil, de l'âme avec le corps, d'un maître avec son esclave : tous ces instruments sans doute (**1161b1**) peuvent être l'objet de soins de la part de ceux qui les emploient, mais il n'y a pas d'amitié ni de justice envers les choses inanimées. Mais il n'y en a pas non plus envers un cheval ou un bœuf, ni envers un esclave en tant qu'esclave. Dans ce dernier cas, les deux parties n'ont en effet rien de commun : l'esclave est un outil animé, et l'outil un esclave inanimé. En tant donc qu'il est esclave on ne peut pas avoir d'amitié pour lui, mais seulement en tant qu'il est homme, car, de l'avis général, il existe certains rapports de justice entre un homme, quel qu'il soit, et tout autre homme susceptible d'avoir participation à la loi ou d'être partie à un contrat ; dès lors il peut y avoir aussi amitié avec lui, dans la mesure où il est homme. Par suite encore, tandis que dans les tyrannies l'amitié et la justice ne jouent qu'un faible rôle, dans les démocraties au contraire leur importance est extrême : car il y a beaucoup de choses communes là où les citoyens sont égaux.

CHAPITRE 14

L'amitié entre parents – (1161b11) C'est donc au sein d'une communauté que toute amitié se réalise, ainsi que nous l'avons dit. On peut cependant mettre à part du reste, à la fois l'affection entre parents et celle entre camarades. L'amitié qui unit les membres d'une cité ou d'une tribu ou celle contractée au cours d'une traversée commune, et tous autres liens de ce genre, se rapprochent davantage des amitiés caractérisant les membres d'une communauté, car elles semblent reposer pour ainsi dire sur une convention déterminée. Dans ce dernier groupe on peut ranger l'amitié à l'égard des étrangers.

L'amour paternel – (1161b17) L'affection entre parents apparaît revêtir plusieurs formes, mais toutes semblent se rattacher à l'amour paternel. Les parents, en effet, chérissent leurs enfants comme étant quelque chose d'eux-mêmes, et les enfants leurs parents comme étant quelque chose d'où ils procèdent. Or, d'une part, les parents savent mieux que leur progéniture vient d'eux-mêmes, que les enfants ne savent qu'ils viennent de leurs parents, et, d'autre part, il y a communauté plus étroite du principe d'existence à l'égard de l'être engendré que de l'être engendré à l'égard de la cause fabricatrice, car ce qui procède d'une chose appartient proprement à la chose dont il sort (une dent, par exemple, un cheveu, n'importe quoi), à son possesseur, tandis que le principe d'existence n'appartient nullement à ce qu'il a produit, ou du moins lui appartient à un plus faible degré. Et l'affection des parents l'emporte encore en longueur de temps : les parents chérissent leurs enfants aussitôt nés, alors que ceux-ci n'aiment leurs parents qu'au bout d'un certain temps, quand ils ont acquis intelligence ou du moins perception. Ces considérations montrent clairement aussi pour quelles raisons l'amour de la mère est plus fort que celui du père. Ainsi, les parents aiment leurs enfants comme eux-mêmes (les êtres qui procèdent d'eux sont comme d'autres eux-mêmes, « autres » du fait qu'ils sont séparés du père), et les enfants aiment leurs parents comme étant nés d'eux ; les frères s'aiment entre eux comme étant nés des mêmes parents, car leur identité avec ces derniers les rend identiques entre eux, et de là viennent les expressions être « du même sang », « de la même souche », et autres semblables. Les frères sont par suite la même chose en un sens, mais dans des individus distincts. Ce qui contribue grandement aussi à l'affection entre eux, c'est l'éducation commune et la similitude d'âge : les jeunes se plaisent avec ceux de leur âge et des habitudes communes engendrent la camaraderie, et c'est pourquoi l'amitié entre frères est semblable à celle entre camarades. La communauté de sentiments entre cousins (**1162a1**) ou entre les autres parents dérive de celle des frères entre eux, parce qu'ils descendent des mêmes ancêtres. Mais ils se sentent plus étroitement unis ou plus étrangers l'un à l'autre selon la proximité ou l'éloignement de l'ancêtre originel.

Le respect des parents – (1162a4) L'amour des enfants pour leurs parents, comme l'amour des hommes pour les dieux, est celui qu'on ressent pour un être bon et qui nous est supérieur, car les parents ont concédé à leurs enfants les plus grands des bienfaits en leur donnant la vie, en les élevant, et en assurant une fois nés leur éducation. Et cet amour entre parents et enfants possède encore en agrément et en utilité une supériorité par rapport à l'affection qui unit des personnes étrangères, supériorité qui est d'autant plus grande que leur communauté de vie est plus étroite. On trouve aussi dans l'amitié entre frères tout ce qui caractérise l'amitié soit entre camarades (et à un plus haut degré entre camarades vertueux), soit, d'une façon générale, entre personnes semblables l'une à l'autre ; cette amitié est d'autant plus forte que les frères sont plus intimement unis et que leur affection réciproque remonte à la naissance ; d'autant plus forte encore qu'une plus grande conformité de caractère existe entre les individus nés des mêmes parents, élevés ensemble et ayant reçu la même éducation ; et c'est dans leur cas que l'épreuve du temps se montre la plus décisive et la plus sûre. Entre les autres parents, les degrés de l'amitié varient proportionnellement.

L'amour entre mari et femme – (1162a16) L'amour entre mari et femme semble bien être conforme à la nature, car l'homme est un être naturellement enclin à former un couple, plus même qu'à former une société politique, dans la mesure où la famille est quelque chose d'antérieur à la cité et de plus nécessaire qu'elle, et la procréation des enfants une chose plus commune aux êtres vivants. Quoi qu'il en soit, chez les animaux, la communauté ne va pas au-delà de la procréation, tandis que dans l'espèce humaine la cohabitation de l'homme et de la femme n'a pas seulement pour objet la reproduction, mais s'étend à tous les besoins de la vie : car la division des tâches entre l'homme et la femme a lieu dès l'origine, et leurs fonctions ne sont pas les mêmes ; ainsi, ils se portent une aide mutuelle, mettant leurs capacités propres au service de l'œuvre commune. C'est pour ces raisons que l'utilité et l'agrément semblent se rencontrer à la fois dans l'amour conjugal.

L'importance des enfants – (1162a25) Mais cet amour peut aussi être fondé sur la vertu, quand les époux sont gens de bien : car chacun d'eux a sa vertu propre, et tous deux mettront leur joie en la vertu de l'autre. Les enfants aussi, semble-t-il, constituent un trait d'union, et c'est pourquoi les époux sans enfants se détachent plus rapidement l'un de l'autre : les enfants, en effet, sont un bien commun aux deux, et ce qui est commun maintient l'union.

La relation mari-femme doit être basée sur la justice – (1162a29) La question de savoir quelles sont les règles qui président aux relations mutuelles du mari et de la femme, et, d'une manière générale, des amis entre eux, apparaît comme n'étant rien d'autre que de rechercher les règles concernant les rapports de justice entre ces mêmes personnes : car la justice ne se manifeste pas de la même manière à l'égard d'un ami, d'un étranger, d'un camarade ou d'un condisciple.

CHAPITRE 15

L'égalité en amitié – (1162a34) Il existe donc trois espèces d'amitié, ainsi que nous l'avons dit au début, et, pour chaque espèce, il y a à la fois les amis qui vivent sur un pied d'égalité, et ceux où l'une des parties l'emporte sur l'autre (car non seulement deux hommes également vertueux peuvent devenir amis, mais encore un homme plus vertueux peut se lier avec un moins vertueux ; de même pour (**1162b1**) l'amitié fondée sur le plaisir ou l'utilité, il peut y avoir égalité ou disparité dans les avantages qui en découlent) : dans ces conditions, les amis qui sont égaux doivent réaliser l'égalité dans une égalité d'affection et du reste, et chez ceux qui sont inégaux, la partie défavorisée réalisera cette égalité en fournissant en retour un avantage proportionné à la supériorité, quelle qu'elle soit, de l'autre partie.

L'amitié utile source de problèmes – (1162b5) Les griefs et les récriminations se produisent uniquement, ou du moins principalement, dans l'amitié fondée sur l'utilité, et il n'y a rien là que de naturel. En effet, ceux dont l'amitié repose sur la vertu s'efforcent de se faire réciproquement du bien (car c'est le propre de la vertu et de l'amitié), et entre gens qui rivalisent ainsi pour le bien, il ne peut y avoir ni plaintes ni querelles (nul, en effet, n'éprouve d'indignation envers la personne qui l'aime et qui lui fait du bien, mais au contraire, si on a soi-même quelque délicatesse, on lui rend la pareille en bons offices. Et celui qui l'emporte décidément sur l'autre en bienfaits, atteignant ainsi le but qu'il se propose, ne saurait se plaindre de son ami, puisque chacun des deux aspire à ce qui est bien). Les récriminations ne sont pas non plus fréquentes entre amis dont l'affection repose sur le plaisir (tous deux, en effet, atteignent en même temps l'objet de leur désir, puisqu'ils se plaisent à vivre ensemble ; et même on paraîtrait ridicule de reprocher à son ami de ne pas vous causer de plaisir, étant donné qu'il vous est loisible de ne pas passer vos journées avec lui).

L'amitié utile : ses limites – (1162b16) Au contraire, l'amitié basée sur l'utilité a toujours tendance à se plaindre : les amis de cette sorte se fréquentant par intérêt, ils demandent toujours davantage, s'imaginent avoir moins que leur dû et en veulent à leur ami parce qu'ils n'obtiennent pas autant qu'ils demandent, eux qui en sont dignes ! De son côté, le bienfaiteur est dans l'incapacité de satisfaire à toutes les demandes de son obligé. […]

La règle de l'équivalence dans l'amitié utilitaire – **(1163a1)** Dès lors, quand on le peut, il faut rendre l'équivalent de ce qu'on a reçu, et cela sans se faire prier, car on ne doit pas faire de quelqu'un son ami contre son gré. Reconnaissant par suite que nous avons commis une erreur au début en recevant un bienfait d'une personne qui n'avait pas à nous l'octroyer, puisqu'elle n'était pas notre ami et qu'elle n'agissait pas pour le plaisir de donner, nous devons nous libérer, comme si la prestation dont nous avons bénéficié résultait de clauses strictement déterminées. Effectivement, nous aurions à ce moment consenti à rendre, dans la mesure de nos moyens, une prestation équivalente, et, en cas d'impossibilité, celui qui nous a avantagé n'aurait pas compté sur cette réciprocité. Ainsi donc, si nous le pouvons, nous devons rendre l'équivalent. Mais, dès le début, nous ferons bien de considérer de quelle personne nous recevons les bons offices, et en quels termes l'accord est passé, de façon qu'on puisse en accepter le bénéfice sur les bases fixées, ou à défaut le décliner.

Comment mesurer ce que les amis se doivent ? – (1163a9) Il y a discussion sur le point suivant : doit-on mesurer un service par l'utilité qu'en retire celui qui le reçoit et calculer sur cette base la rémunération à fournir en retour, ou bien faut-il considérer le prix qu'il coûte au bienfaiteur ? L'obligé dira que ce qu'il a reçu de son bienfaiteur était peu de chose pour ce dernier et qu'il aurait pu le recevoir d'autres personnes, minimisant ainsi l'importance du service qui lui est rendu. Le bienfaiteur, en revanche, prétendra que ce qu'il a donné était la chose la plus importante de toutes celles dont il disposait, que personne d'autre n'était capable de la fournir, et qu'en surplus elle était concédée à un moment critique ou pour parer à un besoin urgent. Ne devons-nous pas dire que, dans l'amitié de type utilitaire, c'est l'avantage de l'obligé qui est la mesure ? C'est, en effet, l'obligé qui demande, tandis que l'autre vient à son aide dans l'idée qu'il recevra l'équivalent en retour ; ainsi, l'assistance consentie a été à la mesure de l'avantage reçu par l'obligé, et, dès lors, ce dernier doit rendre à l'autre autant qu'il en a reçu, ou même, ce qui est mieux, davantage. Dans les amitiés fondées sur la vertu, les griefs sont inexistants, et c'est le choix délibéré du bienfaiteur qui joue le rôle de mesure, car le choix est le facteur déterminant de la vertu et du caractère.

CHAPITRE 16

Que faire quand les partenaires sont inégaux – (1163a24) Des différends se produisent aussi au sein des amitiés où existe une supériorité : car chacun des deux amis a la prétention de recevoir une part plus grande que l'autre, mais cette prétention, quand elle se fait jour, entraîne la ruine de l'amitié. Le plus vertueux estime que c'est à lui que doit revenir la plus large part (puisqu'à l'homme vertueux on assigne ordinairement une part plus considérable) ; même état d'esprit chez celui qui rend plus de services, car un homme bon à rien n'a pas droit, disent ces gens-là, à une part égale : c'est une charge gratuite que l'on supporte et ce n'est plus de l'amitié, dès lors que les avantages qu'on retire de l'amitié ne sont pas en rapport avec l'importance du travail qu'on accomplit. Ils pensent, en effet, qu'il doit en être de l'amitié comme d'une société de capitaux, où les associés dont l'apport est plus considérable reçoivent une plus grosse part de bénéfices. Mais, d'un autre côté, l'ami dénué de ressources ou en état d'infériorité quelconque, tient un raisonnement tout opposé : à son avis, c'est le rôle d'un véritable ami que d'aider ceux qui ont besoin de lui. À quoi sert, dira-t-il, d'être l'ami d'un homme de bien ou d'un homme puissant, si on n'a rien d'avantageux à en attendre ?

(1163b1) Il semble bien que les deux parties aient des prétentions également justifiées et que chacun des amis soit en droit de se faire attribuer, en vertu de l'amitié, une part plus forte que l'autre ; seulement, ce ne sera pas une part de la même chose : à celui qui l'emporte en mérite on donnera plus d'honneur, et à celui qui a besoin d'assistance plus de profit matériel, car la vertu et la bienfaisance ont l'honneur pour récompense, et l'indigence, pour lui venir en aide, a le profit.

Qu'il en soit encore ainsi dans les diverses organisations politiques, c'est là un fait notoire. On n'honore pas le citoyen qui ne procure aucun bien à la communauté : car ce qui appartient au patrimoine de la communauté est donné à celui qui sert les intérêts communs, et l'honneur est une de ces choses qui font partie du patrimoine commun. On ne peut pas, en effet, tirer à la fois de la communauté argent et honneur. De fait, personne ne supporte d'être dans une position défavorisée en toutes choses en même temps : par suite, celui qui amoindrit son patrimoine est payé en honneur, et celui qui accepte volontiers des présents, en argent, puisque la proportionnalité au mérite rétablit l'égalité et conserve l'amitié, comme nous l'avons dit.

Conclusion sur l'amitié – (1163b15) Telle est donc aussi la façon dont les amis de condition inégale doivent régler leurs relations : celui qui retire un avantage en argent ou en vertu doit s'acquitter envers l'autre en honneur, payant avec ce qu'il peut. L'amitié, en effet, ne réclame que ce qui rentre dans les possibilités de chacun, et non ce que le mérite exigerait, chose qui, au surplus, n'est même pas toujours possible, comme par exemple dans le cas des honneurs que nous rendons aux dieux ou à nos parents : personne ne saurait avoir pour eux la reconnaissance qu'ils méritent, mais quand on les sert dans la mesure de son pouvoir on est regardé comme un homme de bien. Aussi ne saurait-on admettre qu'il fût permis à un fils de renier son père, bien qu'un père puisse renier son fils ; quand on doit, il faut s'acquitter, mais il n'est rien de tout ce qu'un fils ait pu faire qui soit à la hauteur des bienfaits qu'il a reçus de son père, de sorte qu'il reste toujours son débiteur. Cependant, ceux envers qui on a des obligations ont la faculté de vous en décharger, et, par suite, un père peut le faire. En même temps, aucun père sans doute, de l'avis général, ne voudrait jamais faire abandon d'un enfant qui ne serait pas un monstre de perversité (car l'affection naturelle mise à part, il n'est pas dans l'humaine nature de repousser l'assistance éventuelle d'un fils). Un fils, au contraire, quand il est vicieux, évitera de venir en aide à son père ou du moins n'y mettra pas d'empressement : c'est que la plupart des gens souhaitent qu'on leur fasse du bien, mais se gardent d'en faire eux-mêmes aux autres, comme une chose qui ne rapporte rien.

LIVRE IX
L'AMITIÉ : LES ESPÈCES DIFFÉRENTES (2ᴱ PARTIE)

CHAPITRE 5
Le commencement de l'amitié : la bienveillance – (1166b30) La bienveillance est une sorte de sentiment affectif, tout en n'étant pas cependant amitié. La bienveillance, en effet, est ressentie même à l'égard de gens qu'on ne connaît pas, et elle peut demeurer inaperçue, ce qui n'est pas le cas de l'amitié. Nous avons précédemment discuté ce point.

La bienveillance n'est pas de l'amour – (1166b33) Mais la bienveil-lance n'est pas non plus amour proprement dit. Elle n'enveloppe, en effet, ni distension, ni désir, caractères qui au contraire accompagnent toujours l'amour ; et l'amour ne va pas sans fréquentation habituelle, tandis que la bienveillance prend naissance même d'une façon soudaine, comme celle qu'il nous arrive d'éprouver en faveur de ceux qui prennent part à une compétition sportive ; nous ressentons de la bienveillance pour eux, **(1167a1)** notre volonté s'associe à la leur, mais nous ne les seconderions en rien : ainsi que nous venons de le dire, notre bienveillance pour eux s'éveille d'une façon soudaine et notre affection est superficielle.

C'est le point de départ de l'amitié – (1167a3) La bienveillance semble dès lors un commencement d'amitié, tout comme le plaisir causé par la vue de l'être aimé est le commencement de l'amour : nul, en effet, n'est amoureux sans avoir été auparavant charmé par l'extérieur de la personne aimée, mais celui qui éprouve du plaisir à l'aspect d'un autre n'en est pas pour autant amoureux, mais c'est seulement quand on regrette son absence et qu'on désire passionnément sa présence. Ainsi, également, il n'est pas possible d'être amis sans avoir d'abord éprouvé de la bienveillance l'un pour l'autre, tandis que les gens bienveillants ne sont pas pour autant liés d'amitié, car ils se contentent de souhaiter du bien à ceux qui sont l'objet de leur bienveillance, et ne voudraient les seconder en rien ni se donner du tracas à leur sujet.

La bienveillance : une amitié paresseuse – (1167a11) Aussi pourrait-on dire, en étendant le sens du terme « amitié », que la bienveillance est une amitié paresseuse, mais, avec le temps, et une fois parvenue à une certaine intimité, elle devient amitié, amitié véritable, et non pas cette sorte d'amitié basée sur l'utilité ou le plaisir, car la bienveillance non plus ne prend pas naissance sur ces bases. L'homme qui, en effet, a reçu un bien-fait, et qui, en échange des faveurs dont il a été gratifié, répond par de la bienveillance, ne fait là que ce qui est juste, et, d'autre part, celui qui souhaite la prospérité d'autrui dans l'espoir d'en tirer amplement profit, paraît bien avoir de la bienveillance, non pas pour cet autre, mais plutôt pour lui-même, pas plus qu'on n'est ami de quelqu'un si les soins dont on l'entoure s'expliquent par quelque motif intéressé. En somme, la bienveil-lance est suscitée par une certaine excellence et une certaine valeur morale quand, par exemple, une personne se montre à une autre noble, ou brave, ou douée de quelque qualité analogue, comme nous l'avons indiqué pour le cas des compétiteurs sportifs.

CHAPITRE 6

La concorde : une amitié entre les citoyens d'une même cité – (1167a22) La concorde est, elle aussi – l'expérience le montre – un sentiment affectif. Pour cette raison elle n'est pas simple conformité d'opinion, qui pourrait exister même entre personnes inconnues les unes aux autres. Pas davantage ne dit-on des gens qui ont la même manière de voir sur une question quelconque que la concorde règne entre eux, par exemple ceux qui sont du même avis sur les phénomènes célestes (car la façon de penser commune sur ces matières n'a rien d'affectif). Au contraire, nous disons que la concorde prévaut dans les cités, quand les citoyens sont unanimes sur leurs intérêts, choisissent la même ligne de conduite et exécutent les décisions prises en commun. C'est donc aux fins d'ordre pratique que la concorde se rapporte, mais à des fins pratiques d'importance et susceptibles d'intéresser les deux parties à la fois ou même toutes les parties en cause ; c'est le cas pour les cités, quand tous les citoyens décident que les magistratures seront électives, ou qu'une alliance sera conclue avec les Lacédémoniens, ou que Pittacos exercera le pouvoir, à l'époque où lui-même y consentait de son côté. Quand, au contraire, chacun des deux partis rivaux souhaite pour lui-même la chose débattue, comme les chefs dans les *Phéniciennes*, c'est le règne des factions : car la concorde ne consiste pas pour chacun des deux compétiteurs à penser la même chose, quelle que soit au surplus la chose, mais à penser la même chose réalisée dans les mêmes mains quand, par exemple, le peuple et les classes dirigeantes sont d'accord (**1167b1**) pour remettre le pouvoir au parti aristocratique, car c'est seulement ainsi que tous les intéressés voient se réaliser ce qu'ils avaient en vue. Il apparaît dès lors manifeste que la concorde est une amitié politique, conformément d'ailleurs au sens ordinaire du terme, car elle roule sur les intérêts et les choses se rapportant à la vie.

La concorde chez les gens de bien – (1167b3) La concorde prise en ce sens n'existe qu'entre les gens de bien, puisqu'ils sont en accord à la fois avec eux-mêmes et les uns à l'égard des autres, se tenant pour ainsi dire sur le même terrain. Chez les gens de cette sorte, en effet, les volontés demeurent stables et ne sont pas le jouet du reflux, comme les eaux d'un détroit ; et ils souhaitent à la fois ce qui est juste et ce qui est avantageux, toutes choses pour lesquelles leurs aspirations aussi sont communes. Les hommes pervers, au contraire, sont impuissants à faire régner entre eux la concorde, sinon dans une faible mesure, tout comme ils sont incapables d'amitié, du fait qu'ils visent à obtenir plus que leur part dans les profits, et moins que leur part dans les travaux et dans les charges publiques. Et

comme chacun souhaite ces avantages pour lui personnellement, il sur-
veille jalousement son voisin et l'empêche d'en bénéficier : faute d'y veiller,
l'intérêt général court à sa ruine. Le résultat est que des dissensions éclatent
entre les citoyens, chacun contraignant l'autre à faire ce qui est juste, mais
ne voulant pas s'y plier lui-même. [...]

CHAPITRE 12

L'amitié implique la vie en commun – (1171b29) Ne doit-on pas
le dire ? De même que pour les amoureux la vue de l'aimé est ce qui les
réjouit par dessus tout, et qu'ils préfèrent le sens de la vue à tous les autres,
dans la pensée que c'est de lui que dépendent principalement l'existence et
la naissance de l'amour, pareillement aussi pour les amis la vie en commun
n'est-elle pas ce qu'il y a de plus désirable ?

Les amis aiment se réunir – (1171b33) L'amitié, en effet, est une communauté. Et ce qu'un homme est à soi-même, ainsi l'est-il pour son ami ;
or, en ce qui le concerne personnellement, la conscience de son existence
est désirable, et, dès lors, l'est aussi la conscience de l'existence de son
ami ; mais cette conscience s'actualise dans la vie en a commun, (**1172a1**)
de sorte que c'est avec raison que les amis aspirent à cette vie commune.
En outre, tout ce que l'existence peut représenter pour une classe déterminée d'individus, tout ce qui rend la vie désirable pour eux, c'est à cela
qu'ils souhaitent passer leur vie avec leurs amis. De là vient que les uns se
réunissent pour boire, d'autres pour jouer aux dés, d'autres encore pour
s'exercer à la gymnastique, chasser, étudier la philosophie, tous, dans
chaque groupement, se livrant ensemble à longueur de journée au genre
d'activité qui leur plaît au-dessus de toutes les autres occupations de la
vie ; souhaitant, en effet, vivre avec leurs amis, ils s'adonnent et participent
de concert à ces activités qui leur procurent le sentiment d'une vie en
commun.

Les bonnes et les mauvaises amitiés – (1172a9) Quoi qu'il en soit,
l'amitié qui unit les gens pervers est mauvaise (car en raison de leur insta-
bilité ils se livrent en commun à des activités coupables, et en outre
deviennent méchants en se rendant semblables les uns aux autres), tandis
que l'amitié entre les gens de bien est bonne et s'accroît par leur liaison
même. Et ils semblent aussi devenir meilleurs en agissant et en se corri-
geant mutuellement, car ils s'impriment réciproquement les qualités où ils
se complaisent, d'où le proverbe :

« Des gens de bien viennent les bonnes leçons » (Théognis).

LIVRE X
LE BONHEUR PAR LE PLAISIR ET LA CONTEMPLATION

CHAPITRE 4

Le plaisir accompagne l'activité parfaite – (11714b14) Chaque sens passant à l'acte par rapport à l'objet sensible correspondant et cette opération se révélant parfaite quand le sens est dans une disposition saine par rapport au meilleur des objets qui tombent sous lui (car telle est, semble-t-il, la meilleure description qu'on puisse donner de l'activité parfaite, que ce soit au reste le sens lui-même qu'on dise passer à l'acte ou l'organe dans lequel il réside, peu importe), il s'ensuit que, pour chaque sens, l'acte le meilleur est celui du sens le mieux disposé par rapport au plus excellent de ses objets; et l'acte répondant à ces conditions ne saurait être que le plus parfait comme aussi le plus agréable. Car, pour chacun des sens, il y a un plaisir qui lui correspond, et il en est de même pour la pensée discursive et la contemplation, et leur activité la plus parfaite est la plus agréable, l'activité la plus parfaite étant celle de l'organe qui se trouve en bonne disposition par rapport au plus excellent des objets tombant sous le sens en question; et le plaisir est l'achèvement de l'acte. Le plaisir cependant n'achève pas l'acte de la même façon que le font à la fois le sensible et le sens quand ils sont l'un et l'autre en bon état, tout comme la santé et le médecin ne sont pas au même titre cause du rétablissement de la santé. Que, pour chaque sens, naisse un plaisir correspondant, c'est là une chose évidente, puisque nous disons que des images et des sons peuvent être agréables. Il est évident encore que le plaisir atteint son plus haut point, quand à la fois le sens est dans la meilleure condition et s'actualise par rapport à l'objet également le meilleur. Et le sensible comme le sentant étant tels que nous venons de les décrire, toujours il y aura plaisir dès que seront mis en présence le principe efficient et le principe passif.

Le plaisir accompagne l'intelligence – (1174b33) Le plaisir achève l'acte, non pas comme le ferait une disposition immanente au sujet, mais comme une sorte de fin survenue par surcroît, de même qu'aux hommes dans la force de l'âge vient s'ajouter la fleur de la jeunesse. Aussi longtemps donc que l'objet intelligible ou sensible est tel qu'il doit être, ainsi que le sujet discernant ou contemplant, (**1175a1**) le plaisir résidera dans l'acte: car l'élément passif et l'élément actif restant tous deux ce qu'ils sont et leurs relations mutuelles demeurant dans le même état, le même résultat se produit naturellement.

Le plaisir s'émousse – (1175a3) Comment se fait-il alors que personne ne ressente le plaisir d'une façon continue? La cause n'en est-elle pas la fatigue? En effet, toutes les choses humaines sont incapables d'être dans une continuelle activité, et, par suite, le plaisir non plus ne l'est pas, puisqu'il est un accompagnement de l'acte. C'est pour la même raison que certaines choses nous réjouissent quand elles sont nouvelles, et que plus tard elles ne nous plaisent plus autant qu'au début; en effet, la pensée se trouve dans un état d'excitation et d'intense activité à l'égard de ces objets, comme pour la vue quand on regarde avec attention, mais par la suite l'activité n'est plus ce qu'elle était, mais elle se relâche, ce qui fait que le plaisir aussi s'émousse.

Tous les hommes aspirent au plaisir – (1175a11) On peut croire que si tous les hommes, sans exception, aspirent au plaisir, c'est qu'ils ont tous tendance à vivre. La vie est une certaine activité, et chaque homme exerce son activité dans le domaine et avec les facultés qui ont pour lui le plus d'attrait: par exemple, le musicien exerce son activité au moyen de l'ouïe sur les mélodies, l'homme d'étude, au moyen de la pensée sur les spéculations de la science, et ainsi de suite dans chaque cas. Et le plaisir vient parachever les activités, et par suite la vie à laquelle on aspire. Il est donc normal que les hommes tendent aussi au plaisir, puisque pour chacun d'eux le plaisir achève la vie, qui est une chose désirable. [...]

CHAPITRE 5

Les activités différentes produisent des plaisirs différents – (1175a22) De là vient aussi qu'on reconnaît une différence spécifique entre les plaisirs. En effet, nous pensons que les choses différentes en espèce reçoivent leur achèvement de causes elles-mêmes différentes (tel est manifestement ce qui se passe pour les êtres naturels et les produits de l'art, comme par exemple les animaux et les arbres d'une part, et, d'autre part, un tableau, une statue, une maison, un ustensile); de même, nous pensons aussi que les activités qui diffèrent spécifiquement sont achevées par des causes spécifiquement différentes. Or, les activités de la pensée diffèrent spécifiquement des activités sensibles, et toutes ces activités diffèrent à leur tour spécifiquement entre elles: et, par suite, les plaisirs qui complètent ces activités diffèrent de la même façon. Cette différence entre les plaisirs peut encore être rendue manifeste au moyen de l'indissoluble union existant entre chacun des plaisirs et l'activité qu'il complète. Une activité est, en effet, accrue par le plaisir qui lui est approprié, car, dans tous les domaines, on agit avec plus de discernement et de précision quand on exerce son activité avec plaisir; ainsi, ceux qui aiment la géométrie deviennent meilleurs géomètres et comprennent mieux les diverses propositions qui s'y rapportent; et, de même, ce sont les passionnés de musique, d'architecture et autres arts qui font des progrès dans leur tâche propre, parce qu'ils y trouvent leur plaisir. Les plaisirs accroissent les activités qu'ils accompagnent, et ce qui accroît une chose doit être approprié à cette chose. Mais à des choses différentes en espèce, (1175b1) les choses qui leur sont propres doivent elles-mêmes différer en espèce.

Un plaisir agréable en chasse un autre – (1175b1) Une autre confirmation plus claire encore peut être tirée du fait que les plaisirs provenant d'autres activités constituent une gêne pour les activités en jeu : par exemple, les amateurs de flûte sont incapables d'appliquer leur esprit à une argumentation dès qu'ils écoutent un joueur de flûte, car ils se plaisent davantage à l'art de la flûte qu'à l'activité où ils sont présentement engagés : ainsi, le plaisir causé par le son de la flûte détruit l'activité se rapportant à la discussion en cours. Le même phénomène s'observe aussi dans tous les autres cas où on exerce son activité sur deux objets en même temps : l'activité plus agréable chasse l'autre, et cela d'autant plus qu'elle l'emporte davantage sous le rapport du plaisir, au point d'amener la cessation complète de l'autre activité. C'est pourquoi, lorsque nous éprouvons un plaisir intense à une occupation quelconque, nous pouvons difficilement nous livrer à une autre; et, par ailleurs, nous nous tournons vers une autre occupation quand l'occupation présente ne nous plaît que médiocrement : par exemple, ceux qui, au théâtre, mangent des sucreries le font surtout quand les acteurs sont mauvais. Et puisque le plaisir approprié aux activités aiguise celles-ci, prolonge leur durée et les rend plus efficaces, et qu'au contraire les plaisirs étrangers les gâtent, il est clair qu'il existe entre ces deux espèces de plaisirs un écart considérable. Les plaisirs résultant d'activités étrangères produisent sur les activités en cours à peu près le même effet que les peines propres à ces dernières, puisque les activités sont détruites par leurs propres peines : par exemple, si écrire ou calculer est pour quelqu'un une chose désagréable et fastidieuse, il cesse alors d'écrire ou de calculer, l'activité en question lui étant pénible. Ainsi donc, les activités sont affectées en sens opposé par les plaisirs et les peines qui leur sont propres, et sont propres les plaisirs et les peines qui surviennent à l'activité en raison de sa nature même. Quant aux plaisirs qui relèvent d'activités étrangères, ils produisent, nous l'avons dit, sensiblement le même effet que la peine, car ils détruisent l'activité, bien que ce ne soit pas de la même manière.

Plaisirs honnêtes ou pervers – (1175b24) Et puisque les activités diffèrent par leur caractère moralement honnête ou pervers, et que les unes sont désirables, d'autres à éviter, d'autres enfin ni l'un ni l'autre, il en est de même aussi pour les plaisirs, puisque à chaque activité correspond un plaisir propre. Ainsi donc, le plaisir propre à l'activité vertueuse est honnête, et celui qui est propre à l'activité perverse, mauvais, car même les appétits qui se proposent une fin noble provoquent la louange, et ceux qui se proposent une fin honteuse, le blâme. Or, les plaisirs inhérents à nos activités sont plus étroitement liés à ces dernières que les désirs : car les désirs sont distincts des activités à la fois chronologiquement et par leur nature, tandis que les plaisirs sont tout proches des activités et en sont à ce point inséparables que la question est débattue de savoir si l'acte n'est pas identique au plaisir. Cependant, à ce qu'il semble du moins, le plaisir n'est ni pensée, ni sensation (ce qui serait absurde), mais l'impossibilité de les séparer les rend, aux yeux de certains, une seule et même chose. Ainsi, il en est des activités qui sont différentes comme des plaisirs. **(1176a1)** En outre, la vue l'emporte sur le toucher en pureté, et l'ouïe et l'odorat sur le goût ; il y a dès lors une différence de même nature entre les plaisirs correspondants ; et les plaisirs de la pensée sont supérieurs aux plaisirs sensibles, et dans chacun de ces deux groupes il y a des plaisirs qui l'emportent sur d'autres. [...]

Les plaisirs propres à l'homme – (1176a23) Les plaisirs qu'on s'accorde à reconnaître pour honteux, on voit donc qu'ils ne doivent pas être appelés des plaisirs, sinon pour les gens corrompus. Mais, parmi les plaisirs considérés comme honnêtes, de quelle classe de plaisirs ou de quel plaisir déterminé doit-on dire qu'il est proprement celui de l'homme ? La réponse ne résulte-t-elle pas avec évidence des activités humaines ? Les plaisirs, en effet, en sont l'accompagnement obligé. Par conséquent, si l'activité de l'homme parfait et jouissant de la béatitude soit une ou multiple, les plaisirs qui complètent ces activités seront appelés au sens absolu plaisirs propres de l'homme, et les autres ne seront des plaisirs qu'à titre secondaire et à un moindre degré, comme le sont les activités correspondantes.

CHAPITRE 6

Le bonheur et le jeu – (1176a30) Après avoir parlé des différentes sortes de vertus, d'amitiés et de plaisirs, il reste à tracer une esquisse du bonheur, puisque c'est ce dernier que nous posons comme fin des affaires humaines. Mais si nous reprenons nos précédentes analyses, notre discussion y gagnera en concision.

Une des activités désirables en elles-mêmes – (1176a34) Nous avons dit que le bonheur n'est pas une disposition, car alors il pourrait appartenir même à l'homme qui passe sa vie à dormir, menant une vie de végétal, ou à celui qui subit les plus grandes infortunes. Si ces conséquences ne donnent pas satisfaction, mais si nous devons plutôt placer le bonheur (**1176b1**) dans une certaine activité, ainsi que nous l'avons antérieurement indiqué, et si les activités sont les unes nécessaires et désirables en vue d'autres choses, et les autres désirables en elles-mêmes, il est clair qu'on doit mettre le bonheur au nombre des activités désirables en elles-mêmes, et non de celles qui ne sont désirables qu'en vue d'autre chose, car le bonheur n'a besoin de rien, mais se suffit pleinement à lui-même. [...]

Mais le jeu n'est pas le bonheur – (1176b8) Mais, parmi les jeux, ceux qui sont agréables font aussi partie des choses désirables en soi : nous ne les choisissons pas en vue d'autres choses, car ils sont pour nous plus nuisibles qu'utiles, nous faisant négliger le soin de notre corps et de nos biens. Pourtant, la plupart des hommes qui sont réputés heureux ont recours à des distractions de cette sorte, ce qui fait qu'à la cour des tyrans on estime fort les gens d'esprit qui s'adonnent à de tels passe-temps, car, en satisfaisant les désirs de leurs maîtres, ils se montrent eux-mêmes agréables à leurs yeux, et c'est de ce genre de complaisants dont les tyrans ont besoin. Quoi qu'il en soit, on pense ordinairement que les amusements procurent le bonheur parce que les puissants de ce monde y consacrent leurs loisirs – quoique sans doute la conduite de tels personnages n'ait en l'espèce aucune signification. Ce n'est pas, en effet, dans le pouvoir absolu que résident la vertu et l'intelligence, d'où découlent les activités vertueuses, et si les gens dont nous parlons, qui ne ressentent aucun goût pour un plaisir pur et digne d'un homme libre, s'évadent vers les plaisirs corporels, nous ne devons pas croire pour cela que ces plaisirs sont plus souhaitables : car les enfants aussi s'imaginent que les choses qui ont pour eux-mêmes du prix sont d'une valeur incomparable. Il en découle logiquement que les appréciations des gens pervers et des gens de bien sont tout aussi différentes les unes des autres que sont visiblement différentes celles des enfants et des adultes. Par conséquent, ainsi que nous l'avons dit à maintes reprises, sont à la fois dignes de prix et agréables les choses qui sont telles pour l'homme de bien ; et pour tout homme l'activité la plus désirable étant celle qui est en accord avec sa disposition propre, il en résulte que, pour l'homme de bien, c'est l'activité conforme à la vertu. Ce n'est donc pas dans le jeu que consiste le bonheur. Il serait en effet étrange que la fin de l'homme fût le jeu, et qu'on dût se donner du tracas et du mal pendant toute sa vie afin de pouvoir s'amuser! Car, pour le dire en un mot, tout ce que nous choisissons est choisi en vue d'une autre chose, à l'exception du bonheur, qui est une fin en soi. [...]

CHAPITRE 7

Le vrai bonheur vertueux, celui de la vie intellectuelle – (1177a12) Mais si le bonheur est une activité conforme à la vertu, il est rationnel qu'il soit activité conforme à la plus haute vertu, et celle-ci sera la vertu de la partie la plus noble de nous-mêmes. Que ce soit donc l'intellect ou quelque autre faculté qui soit regardé comme possédant par nature le commandement et la direction et comme ayant la connaissance des réalités belles et divines, qu'au surplus cet élément soit lui-même divin ou seulement la partie la plus divine de nous-mêmes, c'est l'acte de cette partie selon la vertu qui lui est propre qui sera le bonheur parfait. Or, que cette activité soit théorétique, c'est ce que nous avons dit.

Le vrai bonheur est philosophique – (1177a18) Cette dernière affirmation paraîtra s'accorder tant avec nos précédentes conclusions qu'avec la vérité. En effet, en premier lieu, cette activité est la plus haute, puisque l'intellect est la meilleure partie de nous-mêmes et qu'aussi les objets sur lesquels porte l'intellect sont les plus hauts de tous les objets connaissables. Ensuite, elle est la plus continue, car nous sommes capables de nous livrer à la contemplation d'une manière plus continue qu'en accomplissant n'importe quelle action. Nous pensons encore que du plaisir doit être mélangé au bonheur; or, l'activité selon la sagesse est, tout le monde le reconnaît, la plus plaisante des activités conformes à la vertu; de toute façon, on admet que la philosophie renferme de merveilleux plaisirs sous le rapport de la pureté et de la stabilité, et il est normal que la joie de connaître soit une occupation plus agréable que la poursuite du savoir. De plus, ce qu'on appelle la pleine suffisance appartiendra au plus haut point à l'activité de contemplation, car, s'il est vrai qu'un homme sage, un homme juste, ou tout autre possédant une autre vertu, ont besoin des choses nécessaires à la vie, cependant, une fois suffisamment pourvu des biens de ce genre, tandis que l'homme juste a encore besoin de ses semblables, envers lesquels ou avec l'aide desquels il agira avec justice (et il en est encore de même pour l'homme tempéré, l'homme courageux et chacun des autres), l'homme sage, au contraire, fût-il laissé à lui-même, garde la capacité de contempler, et il est même d'autant plus sage qu'il contemple dans cet état davantage. Sans doute est-il préférable pour lui d'avoir des collaborateurs, mais il n'en est pas moins l'homme qui se suffit le plus pleinement à lui-même. (**1177b1**)

Et cette activité paraîtra la seule à être aimée pour elle-même : elle ne produit, en effet, rien en dehors de l'acte même de contempler, alors que des activités pratiques nous retirons un avantage plus ou moins considérable à part de l'action elle-même. De plus, le bonheur semble consister dans le loisir, car nous ne nous adonnons à une vie active qu'en vue d'atteindre le loisir, et ne faisons la guerre qu'afin de vivre en paix. Or, l'activité des vertus pratiques s'exerce dans la sphère de la politique ou de la guerre ; mais les actions qui s'y rapportent paraissent bien être étrangères à toute idée de loisir, et, dans le domaine de la guerre, elles revêtent même entièrement ce caractère, puisque personne ne choisit de faire la guerre pour la guerre, ni ne prépare délibérément une guerre : on passerait pour un buveur de sang accompli, si de ses propres amis on se faisait des ennemis en vue de susciter des batailles et des tueries. Et l'activité de l'homme d'État est, elle aussi, étrangère au loisir, et, en dehors de l'administration proprement dite des intérêts de la cité, elle s'assure la possession du pouvoir et des honneurs, ou du moins le bonheur pour l'homme d'État lui-même et pour ses concitoyens, bonheur qui est différent de l'activité politique et qu'en fait nous recherchons ouvertement comme constituant un avantage distinct. Donc, si parmi les actions conformes à la vertu, les actions relevant de l'art politique ou de la guerre viennent en tête par leur noblesse et leur grandeur, et sont cependant étrangères au loisir et dirigées vers une fin distincte, et ne sont pas désirables par elles-mêmes ; si, par ailleurs, l'activité de l'intellect, activité contemplative, paraît bien à la fois l'emporter sous le rapport du sérieux et n'aspirer à aucune autre fin qu'elle-même, et posséder un plaisir achevé qui lui est propre (et qui accroît au surplus son activité) ; si enfin la pleine suffisance, la vie de loisir, l'absence de fatigue (dans les limites de l'humaine nature), et tous les autres caractères qu'on attribue à l'homme jouissant de la félicité, sont les manifestations rattachées à cette activité : il en résulte que c'est cette dernière qui sera le parfait bonheur de l'homme, quand elle est prolongée pendant une vie complète puisque aucun des éléments du bonheur ne doit être inachevé. Mais une vie de ce genre sera trop élevée pour la condition humaine : car ce n'est pas en tant qu'homme qu'on vivra de cette façon, mais en tant que quelque élément divin est présent en nous. Et autant cet élément est supérieur au composé humain, autant son activité est elle-même supérieure à celle de l'autre sorte de vertu. Par conséquent, si l'intellect est quelque chose de divin par comparaison avec l'homme, la vie selon l'intellect est également divine comparée à la vie humaine. Il ne faut donc pas écouter ceux qui conseillent à l'homme, parce qu'il est homme, de borner sa pensée aux choses humaines, et, mortel, aux choses mortelles, mais l'homme doit, dans la mesure du possible, s'immortaliser et tout faire pour vivre selon la partie la plus noble qui est en lui ; car même (**1178a1**) si cette partie est petite par sa masse, par sa puissance et sa valeur elle dépasse de beaucoup tout le reste. On peut même penser que chaque homme s'identifie avec cette partie même, puisqu'elle est la partie fondamentale de son être, et la meilleure. Il serait alors étrange que l'homme accordât la préférence, non pas à la vie qui lui est propre, mais à la vie de quelque chose autre que lui. Et ce que nous avons dit plus haut s'appliquera également ici : ce qui est propre à chaque chose est par nature ce qu'il y a de plus excellent et de plus agréable pour cette chose. Et pour l'homme, par suite, ce sera la vie selon l'intellect, s'il est vrai que l'intellect est au plus haut degré l'homme même. Cette vie-là est donc aussi la plus heureuse.

CHAPITRE 8

Le bonheur humain et les vertus – (1178a9) C'est d'une façon secondaire qu'est heureuse la vie selon l'autre sorte de vertu, car les activités qui y sont conformes sont purement humaines : les actes justes, en effet, ou courageux, et tous les autres actes de vertu, nous les pratiquons dans nos relations les uns avec les autres, quand, dans les contrats, les services rendus et les actions les plus variées, ainsi que dans nos passions, nous observons fidèlement ce qui doit revenir à chacun, et toutes ces manifestations sont choses simplement humaines. Certaines mêmes d'entre elles sont regardées comme résultant de la constitution physique, et la vertu éthique comme ayant, à beaucoup d'égards, des rapports étroits avec les passions. Bien plus, la prudence elle-même est intimement liée à la vertu morale, et cette dernière à la prudence, puisque les principes de la prudence dépendent des vertus morales, et la rectitude des vertus morales de la prudence. Mais les vertus morales étant aussi rattachées aux passions, elles auront rapport au composé ; or, les vertus du composé sont des vertus simplement humaines ; et, par suite, le sont aussi à la fois la vie selon ces vertus et le bonheur qui en résulte. Le bonheur de l'intellect est, au contraire, séparé : que cette brève indication à son sujet nous suffise, car une discussion détaillée dépasse le but que nous nous proposons.

Le bonheur nécessite la contemplation – (1178a22) Le bonheur de l'intellect semblerait aussi avoir besoin du cortège des biens extérieurs, mais seulement à un faible degré ou à un degré moindre que la vertu éthique. On peut admettre, en effet, que les deux sortes de vertus aient l'une et l'autre besoin, et cela à titre égal, des biens nécessaires à la vie (quoique, en fait, l'homme en société se donne plus de tracas pour les nécessités corporelles et autres de même nature), car il ne saurait y avoir à cet égard qu'une légère différence entre elles. Par contre, en ce qui concerne leurs activités propres, la différence sera considérable. L'homme libéral, en effet, aura besoin d'argent pour répandre ses libéralités, et, par suite, l'homme juste pour rétribuer les services qu'on lui rend (car les volontés demeurent cachées, et même les gens injustes prétendent avoir la volonté d'agir avec justice) ; de son côté l'homme courageux aura besoin de forces, s'il accomplit quelqu'une des actions conformes à sa vertu, et l'homme tempérant a besoin d'une possibilité de se livrer à l'intempérance. Autrement, comment ce dernier, ou l'un des autres dont nous parlons, pourra-t-il manifester sa vertu ? On discute aussi le point de savoir quel est l'élément le plus important de la vertu : le choix délibéré ou la réalisation de l'acte attendu. La perfection de la vertu résidera évidemment (**1178b1**) dans la réunion de l'un et de l'autre, mais l'exécution de l'acte requiert le secours de multiples facteurs, et plus les actions sont grandes et nobles, plus ces conditions sont nombreuses. Au contraire, l'homme livré à la contemplation n'a besoin d'aucun concours de cette sorte, en vue du moins d'exercer son activité ; ce sont même là plutôt, pour ainsi dire, des obstacles, tout au moins à la contemplation ; mais, en tant qu'il est homme et qu'il vit en société, il s'engage délibérément dans des actions conformes à la vertu : il aura donc besoin des moyens extérieurs en question pour mener sa vie d'homme.

Être infiniment heureux comme les dieux – (1178b8) Que le parfait bonheur soit une certaine activité théorétique, les considérations suivantes le montreront encore avec clarté. Nous concevons les dieux comme jouissant de suprême félicité et du souverain bonheur. Mais quelles sortes d'actions devons-nous leur attribuer ? Est-ce les actions justes ? Mais ne leur donnerons-nous pas un aspect ridicule en les faisant contracter des engagements, restituer des dépôts et autres opérations analogues ? Sera-ce les actions courageuses ; et les dieux affronteront-ils les dangers et courront-ils des risques pour la beauté de la chose ? Ou bien alors ce sera des actes de libéralité ? Mais à qui donneront-ils ? Il serait étrange aussi qu'ils eussent à leur disposition de la monnaie ou quelque autre moyen de paiement analogue ! Et qu'est-ce que cela peut signifier dans le cas des actes de tempérance ? N'est-ce pas une grossièreté de les louer de n'avoir pas d'appétits dépravés ? Si nous passons en revue toutes ces actions, les circonstances dont elles sont entourées nous apparaîtront mesquines et indignes de dieux.

Le bonheur et les activités théorétiques – (1178b18) Et pourtant on se représente toujours les dieux comme possédant la vie et par suite l'activité, car nous ne pouvons pas supposer qu'ils dorment, comme Endymion. Or, pour l'être vivant, une fois qu'on lui a ôté l'action et à plus forte raison la production, que lui laisse-t-on d'autre que la contemplation ? Par conséquent, l'activité de Dieu, qui en félicité surpasse toutes les autres, ne saurait être que théorétique. Et, par suite, de toutes les activités humaines, celle qui est la plus apparentée à l'activité divine sera aussi la plus grande source de bonheur.

Les animaux ne peuvent être heureux – (1178b24) Un signe encore, c'est que les animaux autres que l'homme n'ont pas de participation au bonheur, du fait qu'ils sont totalement démunis d'une activité de cette sorte. Tandis qu'en effet, chez les dieux, la vie est tout entière bienheureuse, comme elle l'est aussi chez les hommes dans la mesure où une certaine ressemblance avec l'activité divine est présente en eux ; dans le cas des animaux, au contraire, il n'y a pas trace de bonheur, parce que, en aucune manière, l'animal n'a part à la contemplation. Le bonheur est donc coextensif à la contemplation, et plus on possède la faculté de contempler, plus aussi on est heureux, heureux non pas par accident, mais en vertu de la contemplation même, car cette dernière est par elle-même d'un grand prix. Il en résulte que le bonheur ne saurait être qu'une forme de contemplation.

CHAPITRE 9

L'opinion des sages sur le bonheur : nécessité des biens extérieurs – (1178b33) Mais le sage aura aussi besoin de la prospérité extérieure, puisqu'il est un homme : car la nature humaine ne se suffit pas pleinement à elle-même pour l'exercice de la contemplation, mais il faut aussi que le corps soit en bonne santé, qu'il reçoive de la nourriture et tous autres soins. Cependant, s'il n'est pas possible (**1179a1**) sans l'aide des biens extérieurs d'être parfaitement heureux, on ne doit pas s'imaginer pour autant que l'homme aura besoin de choses nombreuses et importantes pour être heureux : ce n'est pas, en effet, dans un excès d'abondance que résident la pleine suffisance et l'action, et on peut, sans posséder l'empire de la terre et de la mer, accomplir de nobles actions, car même avec des moyens médiocres on sera capable d'agir selon la vertu. L'observation au surplus le montre clairement : les simples particuliers semblent en état d'accomplir des actions méritoires, tout autant que les puissants, et même mieux. Il suffit d'avoir la quantité de moyens strictement exigés par l'action vertueuse, alors sera heureuse la vie de l'homme agissant selon la vertu. Solon aussi donnait sans doute un aperçu exact de l'homme heureux, quand il le montrait modérément entouré des biens extérieurs, et ayant accompli (dans la pensée de Solon tout au moins) les plus beaux exploits, et ayant vécu dans la tempérance, car on peut, en possédant des biens médiocres, accomplir ce que l'on doit. De son côté, Anaxagore semble avoir pensé que l'homme heureux n'est ni riche ni puissant, puisqu'il dit qu'il ne serait pas étonné qu'un tel homme apparût à la foule sous un aspect déconcertant : car la foule juge par les caractères extérieurs, qui sont les seuls qu'elle perçoit. Les opinions des sages semblent donc en plein accord avec nos propres arguments.

Partir des faits pour définir le bonheur – (1179a19) De pareilles considérations entraînent ainsi la conviction dans une certaine mesure, mais, dans le domaine de la conduite, la vérité se discerne aussi d'après les faits et la manière de vivre, car c'est sur l'expérience que repose la décision finale. Nous devons dès lors examiner les conclusions qui précèdent en les confrontant avec les faits et la vie : si elles sont en harmonie avec les faits, il faut les accepter, mais si elles sont en désaccord avec eux, les considérer comme de simples vues de l'esprit.

Le sage est l'homme le plus heureux – (1179a23) L'homme qui exerce son intellect et le cultive semble être à la fois dans la plus parfaite disposition et le plus cher aux dieux. Si, en effet, les dieux prennent quelque souci des affaires humaines, ainsi qu'on l'admet d'ordinaire, il sera également raisonnable de penser, d'une part, qu'ils mettent leur complaisance dans la partie de l'homme qui est la plus parfaite et qui présente le plus d'affinité avec eux (ce ne saurait être que l'intellect), et, d'autre part, qu'ils récompensent généreusement les hommes qui chérissent et honorent le mieux cette partie, voyant que ces hommes ont le souci des choses qui leur sont chères à eux-mêmes, et se conduisent avec droiture et noblesse. Or, que tous ces caractères soient au plus haut degré l'apanage du sage, cela n'est pas douteux. Il est donc l'homme le plus chéri des dieux. Et ce même homme est vraisemblablement aussi le plus heureux de tous. Par conséquent, de cette façon encore, le sage sera heureux au plus haut point. […]

L'ÉTHIQUE À NICOMAQUE EN TABLEAUX

Aristote nous recommande de mettre son enseignement en tableaux (1107a32), ce que nous vous proposons dans cette section où vous trouverez les tableaux suivants :

- Vue d'ensemble de l'ouvrage
- Sept triades qui résument l'*Éthique à Nicomaque*
- Comportements vertueux et vicieux

VUE D'ENSEMBLE DE L'OUVRAGE

L'*Éthique à Nicomaque* :
- explique comment parvenir au bonheur (Livres I et X) ;
- en pratiquant une vie active qui se fonde sur l'application du principe du juste milieu, sur la pratique des vertus morales et sur l'exercice de la volonté (Livres II, III et IV) ;
- en recherchant la justice dans nos relations avec non concitoyens (Livre V) ;
- en cultivant les vertus intellectuelles comme la prudence et la sagesse (Livre VI) ;
- en développant de bonnes amitiés qui constituent une partie importante du bonheur (Livres VIII et IX) ;
- et en n'excluant pas le plaisir et ses liens avec le bonheur (Livres VII et X).

SEPT TRIADES QUI RÉSUMENT L'ÉTHIQUE À NICOMAQUE

Modes d'existence (1095b14-1096a10)	Classes de biens (1098b12-1099b9)	Parties de l'âme (1102a13-1103a10)	Comportements vertueux (1103b26-1109b26)	Formes d'amitié (1156a5-1160a30)	Formes de régime politique (1160a30)	Formes de communauté familiale (1160b23)
Contemplatif ou méditatif : autonome, complet, constant ; se suffit à lui-même.	**Reliés à l'âme :** existent par eux-mêmes ; constituent une finalité ; mènent au bonheur.	**Âme intellective :** (avec des vertus) : la raison, le savoir ; elle n'est pas naturelle et n'appartient qu'à l'homme.	**Juste milieu :** entre deux extrêmes ; ex. le courage, la générosité.	**Vertueuse :** rare ; dure toute la vie ; maturité, principes.	**Gouvernement d'un seul :** - royauté (en vue du groupe) ; - tyrannie (pour son intérêt).	**Père-fils :** rapports qui sont à l'image d'une royauté.
Politique : action, honneurs, famille, amis, concitoyens.	**Extérieurs :** ressources, argent, amis, pouvoir politique, heureuse descendance, enfants.	**Âme sensible :** (partagée avec les animaux) : mouvement, déplacement, émotions.	**Excès :** (trop altruiste) ; ex. la témérité, la prodigalité.	**Agréable :** jeunes, plaisirs, amusements.	**Gouvernement d'un groupe restreint :** - aristocratie ; - oligarchie.	**Mari-femme :** rapports fondés sur les compétences de chacun ; public-privé.
De plaisir : jouissances animales ; convient à la masse.	**Du corps :** beauté et bonne naissance, bon pays, bonne époque, bons antécédents génétiques.	**Âme végétative ou nutritive :** (partagée avec les plantes et les animaux) : privée de raison, reproduction, elle est naturelle.	**Défaut :** (pas assez altruiste) ; ex. la lâcheté, l'avarice.	**Utile :** vieux ; fondée sur les intérêts ; obtention d'un avantage.	**Gouvernement d'un groupe élargi :** - timocratie ou républicaine ; - démocratie ou démagogie.	**Frère-frère :** Égalité ; famille privée de chef.

Notes

- Le premier niveau comprend les deux suivants et ne les exclut pas. Le deuxième niveau comprend le troisième, mais pas l'inverse.
- La personne qui désire être heureuse essaie de vivre les concepts du premier niveau en priorité, tout en tenant compte des contenus des deux niveaux plus bas.
- L'excès est meilleur que le défaut parce que l'on en fait trop pour l'autre, alors que le défaut entraîne le rejet de l'autre.

PRINCIPAUX COMPORTEMENTS VERTUEUX ET VICIEUX

Les comportements se divisent en trois parties : un juste milieu vertueux qu'il faut identifier en définissant les deux extrêmes à éviter que sont l'excès et le défaut. Résumé des Livres II et IV[49].

	Domaine	Vertu	Excès	Défaut
Émotions, sentiments	Peur et hardiesse	Courage, bravoure	Témérité, bravade	Lâcheté, couardise
	Plaisir	Modération	Dérèglement	Insensibilité, hébétude
	Colère	Sang-froid, douceur	Irascibilité	Flegme
	Pudeur	Réserve, décence	Timidité, pudibonderie	Impudence, offense, licence
	Plaisir	Indignation	Envie	Joie maligne
	Humeur	Amabilité	Flatterie, désir de plaire	Attitude bourrue
	Sexualité	Réserve	Indécence	Chasteté
Biens extérieurs	Richesses : grandes	Magnificence	Ostentation, vulgarité	Mesquinerie
	Richesses : petites	Libéralité, générosité	Prodigalité	Parcimonie, avarice
	Honneurs : grands	Grandeur	Vanité, vantardise	Humilité
	Honneurs : petits	Sans nom	Avidité d'honneur	Indifférence à l'honneur
	Alcool	Tempérance	Débauche	Frugalité
	Nourriture	Gourmandise, désir	Voracité, obsession	Sobriété, inappétence
Relations humaines	Vérité	Vérité	Hâblerie	Réticence
	Jeu	Affabilité, enjouement	Désintéressement, complaisance, bouffonnerie	Hargne, balourdise, rusticité
	Fréquentations	Grandeur d'âme	Jactance, vanité	Petitesse d'âme
	Appréciation de soi	Honnêteté	Vanité	Modestie excessive

Notes

■ On peut se servir de ces concepts pour analyser une situation concrète, comme le recommande Aristote : « Empruntons donc les exemples de vertus particulières à notre tableau » (1107a34). On identifie le défaut et l'excès de la manière la plus précise possible. De la discussion, de la confrontation des idées, jaillira la vérité ou le juste milieu. Certains comportements placés dans la colonne « Excès » peuvent s'avérer être des « Défauts » selon la situation. D'autres comportements sont difficiles à nommer.

[49] Inspiré de KHODOSS, F. et C. (1965) et de FRAPPIER (1990).

Aristote pensant.

BIBLIOGRAPHIE

Traductions de l'*Éthique à Nicomaque* et autres œuvres d'Aristote

AGACINSKI, DANIEL (présentation et notes) (2008). *Aristote. Sur la justice, Éthique à nicomaque, Livre V.* Paris, Garnier Flammarion.

ARJAKOVSKY, PHILIPPE (traduction, présentation et notes) (2007). *Aristote, Éthique à Nicomaque. Livre VI.* Paris, Pocket.

BODÉÜS, RICHARD (traduction, présentation, notes et bibliographie) (2004). *Aristote. Éthique à Nicomaque.* Paris, Garnier Flammarion.

DEFRADAS, JEAN (traduction) (1992). *Aristote. Éthique à Nicomaque.* Paris, Pocket.

DUMINIL, M.-P. et A. JAULIN (Présentation et traduction) (2008). *Aristote. Métaphysique.* Paris, Garnier Flammarion.

GAUTHIER, R. A. et J. Y. JOLIF (Introduction et traduction) (1958). *L'Éthique à Nicomaque*, tome 1. Louvain, Publications Universitaires de Louvain.

GROISARD, J. (Présentation et traduction) (2008). *Aristote. Météorologiques.* Paris, Garnier Flammarion.

MONTENOT, JEAN et ALAIN PETIT (traduction et notes) (1998). *Éthique à Nicomaque. Livre VI.* Paris, Classiques Hachette.

PELLEGRIN, P. (traduction et notes) (2008). *Aristote. Seconds analytiques.* Paris, Garnier Flammarion.

RACKHAM, HARRIS (traduction et notes) (1996). *Aristotle. The Nicomachean Ethics.* Hertfordshire, Wordsworth Classics.

SACHS, JOE (traduction et notes) (1996). *Nicomachean Ethics.* Newburyport, Focus Philosophical Library.

STIRN, FRANÇOIS (traduction et notes) (1983). *Aristote. Éthique à Nicomaque. Livre VIII-IX.* Paris, Hatier.

TRICOT, JULES (traduction et notes) (1987). *Aristote. Éthique à Nicomaque.* Paris, Vrin.

VOILQUIN, JEAN (traduction, préface et notes) (1965). *Aristote. Éthique de Nicomaque.* Paris, Garnier Flammarion.

Autres textes consultés

Aubenque, Pierre (1968). « Aristote », *Encyclopoedia Universalis*. Vol. 2, 390-406.

Bodéüs, Richard (2002). *Aristote*. Paris, Vrin.

Bréhier, Émile (1989). *Histoire de la philosophie*, tome 1. Paris, PUF.

Brun, Jean (1988). *Aristote et le lycée*. Paris, PUF, collection « Que sais-je ? ».

Comte-Sponville, André (1995). *Petit traité des grandes vertus*. Paris, Seuil, collection « Points ».

De Koninck, Thomas (2008). *Aristote, l'intelligence et Dieu*. Paris, PUF.

Desclos, Marie-Laurence (2004). *Structures des traités d'Aristote*. Paris, Ellipses.

Frappier, Georges (1990). *La voie de la sagesse selon Aristote*. Montréal, Le Griffon d'Argile.

Fukuyama, Francis (1995). *Trust: The Social Virtues and the Creation of Prosperity*. New York, Free Press.

Gadamer, Hans-Georg (1996). *Vérité et méthode*. Paris, Seuil.

Gauthier, R.-A. (1958). *La morale d'Aristote*. Paris, PUF.

Grondin, Jean (1999). *Introduction à Hans-Georg Gadamer*. Paris, Cerf.

Grigorieff, Vladimir (1983). *Philo de base*. Verviers, Marabout.

Hegel, G.W. F. (1940). *Principes de la philosophie du droit*. Paris, Gallimard.

Held, Klaus (1996). *Rendez-vous chez Platon*. Paris, Brepols.

Hersch, Jeanne (1993). *L'étonnement philosophique. Une histoire de la philosophie*. Paris, Folio Essais.

Koyré, Alexandre (1973). *Études d'histoire de la pensée scientifique*. Paris, Gallimard.

Khodoss, F. et C. (1965). *Aristote. Morale et politique*. Paris, PUF.

Lavigne, Jacques (1953). *L'inquiétude humaine*. Paris, Aubier, Édition Montaigne.

Leroux, Georges (2002). *Platon. La République*. Paris, Flammarion.

Leroux, Georges (1997). « Modernité des Grecs. L'importance de la pensée grecque et les raisons de l'enseigner dans le programme collégial de philosophie », *Philosophiques. Revue de la Société de Philosophie du Québec*. Vol. XXIV, No. 1.

Lévêque, Pierre (1992). *Le monde hellénistique*. Paris, Pocket.

Lubomira, Radoilska (2007). *L'actualité d'Aristote en morale*. Paris, PUF.

Marx, Karl (1965). *Le capital*. Paris, Gallimard.

Mourre, Michel (1998). *Le petit Mourre : Dictionnaire de l'Histoire*. Paris, Larousse.

Nietzsche (2008). *Le gai savoir*. Paris, Flammarion.

Rawls, John (2008). *Leçons sur l'histoire de la philosophie morale*. Paris, La Découverte.

Ricoeur, Paul (1995). *Le juste*. Paris, Éditions Esprit.

Ricoeur, Paul (1990). *Soi-même comme un autre*. Paris, Éditions du Seuil.

Robin, Léon (1923). *La pensée grecque*. Paris, La Renaissance du livre.

Taylor, Charles (1998). *Les sources du moi*. Montréal, Boréal.

Taylor, Charles (1997). *La liberté des modernes*. Paris, PUF.

Taylor, Charles (1992). *Grandeur et misère de la modernité*. Montréal, Bellarmin.

Žižek, Slavoj (1999). *Le sujet qui fâche*. Paris, Flammarion.

Buste d'Aristote en marbre, copie romaine d'un original grec en bronze par Lysippe (v.~330), Palais Altemps, Rome.

INDEX DES IDÉES